NIEZBĘDNA KSIĄŻKA KUCHARSKA Z OWOCAMI MORZA DLA POCZĄTKUJĄCYCH

100 ŚWIEŻYCH I ORYGINALNYCH PRZEPISÓW, KTÓRE WZBOGACĄ TWOJE DANIA Z OWOCÓW MORZA W DOMU I W RESTAURACJACH

EVGENIYA DĄBROWSKI

Wszelkie prawa zastrzeżone.

Zastrzeżenie

Informacje zawarte w tym eBooku mają służyć jako obszerny zbiór strategii, na temat których autor tego eBooka przeprowadził badania. Streszczenia, strategie, porady i wskazówki są jedynie rekomendacjami autora, a przeczytanie tego eBooka nie gwarantuje, że czyjeś wyniki będą dokładnie odzwierciedlać wyniki autora. Autor eBooka dołożył wszelkich uzasadnionych starań, aby zapewnić aktualne i dokładne informacje dla czytelników eBooka. Autor i jego współpracownicy nie ponoszą odpowiedzialności za jakiekolwiek niezamierzone błędy lub pominięcia, które mogą zostać znalezione. Materiał w eBooku może zawierać informacje pochodzące od osób trzecich. Materiały osób trzecich zawierają opinie wyrażone przez ich właścicieli. W związku z tym autor eBooka nie ponosi odpowiedzialności za materiały lub opinie osób trzecich.

Książka elektroniczna jest chroniona prawami autorskimi © 2022 z wszelkimi prawami zastrzeżonymi. Redystrybucja, kopiowanie lub tworzenie prac pochodnych na podstawie tego eBooka w całości lub w części jest nielegalne. Żadna część tego raportu nie może być reprodukowana ani retransmitowana w jakiejkolwiek formie reprodukowanej lub retransmitowanej w jakiejkolwiek formie bez pisemnej wyraźnej i podpisanej zgody autora.

SPIS TREŚCI

SPIS TREŚCI 4

WPROWADZANIE 8

HOMAR 9
1. Termidor z homara z sosem Newburg 10
2. Bułka z homarem Maine 13
3. Termidor nadziewany homarem 16
4. Homar z Wanilią 19

KREWETKA 21
5. Krewetki z grilla na ostro 22
6. Grillowane krewetki ziołowe 25
7. Krewetki en brochette 28
8. Paczki z krewetkami 31
9. krewetki bazyliowe 33
10. Grillowane krewetki w bekonie 35
11. Krewetki z grilla 37
12. Alabama zapiekanka z krewetkami 39
13. Prawie Krewetkowe Paesano 42
14. Risotto z fasolą i krewetkami 45
15. Krewetki Pieczone w Piwie 48
16. Gotowane Krewetki Zatokowe 50
17. Sos Remoulade 52
18. kalifornijskie krewetki 54
19. Krewetki Szampan i Makaron 56
20. Krewetka Kokosowa z Galaretką Jalapeño 59
21. Kokosowa Tempura Krewetka 61
22. Cornsicles z Krewetką i Oregano 64
23. Krewetki Kremowe Pesto 67

24.	Krewetki delta	69
25.	Krewetki w Kremie	72
26.	Kajaki z bakłażanem	74
27.	Krewetki Czosnkowe	77
28.	Grillowane Krewetki Marynowane	80
29.	Krewetka Teksas	83
30.	Hawajskie szaszłyki z krewetkami	86
31.	Grillowane Krewetki Z Miodem i Tymiankiem	88
32.	Marynata z Pieczonego Czosnku	91
33.	Krewetki Gorące i Pikantne	93
34.	Włoska Pieczona Krewetka	96
35.	Krewetka Jerk ze Słodkim Ryżem Jamajskim	98
36.	Pieczone Krewetki Cytrynowo-Czosnkowe	100
37.	Krewetki z Papryką Limonkową	102
38.	Luizjana Esplanade Krewetki	104
39.	Malibu Smażyć Krewetki	106
40.	Pieczone Krewetki	109
41.	Naprawdę fajna sałatka z krewetek	111
42.	M-80 Krewetki Skalne	113
43.	Toast za miasto	117
44.	Krewetki a la Plancha z Szafranowymi Grzankami Allioli 120	
45.	Krewetkowe Curry z Musztardą	124
46.	curry z krewetkami	126
47.	Krewetki w Sosie Czosnkowym	129
48.	Krewetki w Sosie Musztardowym	132
49.	Gazpacho	134
50.	Krewetka Krewetka Alfredo	137
51.	Krewetki Marinara	139
52.	Krewetki Newburg	141
53.	Pikantna Marynowana Krewetka	144
54.	Pikantne Krewetki Singapurskie	147
55.	Krewetki Starlight	149

OŚMIORNICA 151

56. Ośmiornica w czerwonym winie 152
57. Marynowana ośmiornica 155
58. Ośmiornica gotowana w winie 158
59. Sycylijska grillowana ośmiornica? 160

PRZEGRZEBKI 164

60. Ciasto z owocami morza 165
61. Zapiekane Przegrzebki z Sosem Czosnkowym 168
62. Przegrzebki Prowansalskie 171
63. Przegrzebki w Sosie z Białego Masła 173

PLAMIAK 176

64. Plamiak z Masłem Ziołowym 177
65. Przyprawiony Cajun Łupacz 180
66. Zupa z Łupacza, pora i ziemniaków 182
67. Wędzony Plamiak i Chutney Pomidorowy 184

ŁOSOŚ 187

68. Magiczny pieczony łosoś 188
69. Łosoś z Granatem i Quinoa 191
70. Pieczony Łosoś i Słodkie Ziemniaki 195
71. Pieczony Łosoś z Sosem z Czarnej Fasoli 198
72. Papryka Łosoś Grillowany ze Szpinakiem 201
73. Łosoś Teriyaki z Warzywami 204
74. Łosoś Azjatycki z Makaronem 208
75. Gotowany Łosoś w Bulionie Pomidorowo-czosnkowym 211
76. Gotowany Łosoś 214
77. Gotowany Łosoś z Zielonym Ziołem Salsa 216
78. Sałatka z gotowanym łososiem na zimno 219
79. Gotowany łosoś z kleistym ryżem 223
80. Cytrusowy Filet z Łososia 227
81. Lasagne z Łososiem 230

82.	Filety z Łososia Teriyaki	235
83.	Łosoś w Chrupiącej Skórce z Dressingiem Kaparowym	238
84.	Filet z Łososia z Kawiorem	241
85.	Grillowane steki z łososia anchois	245
86.	Łosoś z grilla wędzonego na grillu	248
87.	Łosoś z grilla na węgiel drzewny i czarna fasola	251
88.	Petarda grillowany łosoś alaskański	255
89.	Łosoś z grilla Flash	258
90.	Makaron z grillowanym łososiem i tuszem kałamarnicy	261
91.	Łosoś z grillowaną cebulką	264
92.	Łosoś z deski cedrowej	268
93.	Łosoś wędzony w czosnku	271
94.	Łosoś z Grilla ze Świeżymi Brzoskwiniami	273
95.	Łosoś Wędzony i Serek na Toście	277
96.	Sałatka z grillowanym łososiem imbirowym	280
97.	Łosoś z grilla z sałatką z kopru włoskiego	284
98.	Łosoś z grilla z ziemniakami i rukwią wodną	287

MIECZNIK 291

99.	Miecznik z sezamem mandaryńskim	292
100.	Pikantne steki z miecznika	295

WNIOSEK 297

WPROWADZANIE

Niewiele jest w życiu rzeczy, które smakują tak wybornie i bosko na twoim języku, jak świeżo ugotowany lub fachowo przygotowany homar, danie z krewetek lub talerz tuńczyka. Jeśli nigdy nie znałeś smaku kraba lub owoców morza, który rozpływa się w ustach, ta książka jest dla Ciebie!

Jest tak wiele smacznych sposobów na włączenie owoców morza do przygotowania posiłku. To zdrowy i pyszny sposób na odżywianie się chudym, sycącym białkiem i podstawą diety śródziemnomorskiej.

Poniższe przepisy obejmują łososia, krewetki, przegrzebki, ośmiornicę i łupacza. Każdy przepis jest stosunkowo łatwy w wykonaniu i pełen niesamowitego smaku. Każdy znajdzie coś dla siebie, od smażonego ryżu z krewetkami, przez łososia z pesto, po doskonale przysmażone przegrzebki

HOMAR

1. Termidor z homara z sosem Newburg

Składniki

sos

- 3 łyżki masła
- 1 szklanka soku z małży
- 1/4 do 1/2 szklanki mleka
- 1/2 łyżeczki papryki
- Szczypta soli
- 3 łyżki sherry
- 2 łyżki mąki uniwersalnej
- 4 łyżki jasnego kremu

Homar

- 5 uncji mięsa homara, pokrojonego na 1-calowe kawałki
- 1 łyżka drobno posiekanego pieprzu pimentos
- 1/2 szklanki grubych pokrojonych grzybów
- 1 łyżka posiekanego szczypiorku
- Masło do smażenia
- 1 łyżka sherry

Sos Newburg

- 1/2 do 1 szklanki startego sera Cheddar
- Rozgrzej piekarnik do 350 stopni F.

Wskazówki

a) Rozpuść masło na średnim ogniu. Gdy całkowicie się rozpuści, dodaj paprykę i mieszaj przez 2 minuty. Dodaj mąkę do masła i mieszaj przez 2-3 minuty, aby ugotować zasmażkę. Ciągle mieszaj, aby uniknąć przypalenia. Dodaj sok z małży i mieszaj, aż zacznie gęstnieć. Dodaj 1/4 szklanki mleka, jasną śmietanę i sherry. Dusić przez 5 minut i w razie potrzeby dodać pozostałe 1/4 szklanki mleka.

b) Na średnim ogniu rozpuść tyle masła, aby lekko przykryć dno ciężkiej, dużej patelni do smażenia. Na patelnię włożyć homara, szczypiorek, ziele angielskie i pieczarki i mieszać przez 3-4 minuty. Zwiększ ogień i dodaj sherry, aby zmyć patelnię. Bądź ostrożny, ponieważ sherry może się zapalić, gdy alkohol się wypali.

c) Dodaj 4 uncje sosu Newburg i mieszaj przez 1 minutę. Wlać do jednorazowej zapiekanki i posypać serem. Piecz przez około 5 minut lub do momentu, aż ser się rozpuści i będzie musujący.

2. Bułka z homarem Maine

Składniki
- Cztery homary o wadze od 1 do 1 funta
- 1/4 szklanki plus 2 łyżki majonezu
- Sól i świeżo zmielony pieprz
- 1/4 szklanki drobno pokrojonego w kostkę selera
- 2 łyżki świeżego soku z cytryny
- szczypta pieprzu cayenne
- 4 bułki z hot dogami podzielone od góry
- 2 łyżki masła niesolonego, roztopionego
- 1/2 szklanki posiekanej sałaty bostońskiej

Wskazówki
a) Przygotuj dużą kąpiel z wodą z lodem. W bardzo dużym garnku z wrzącą osoloną wodą gotuj homary około 10 minut, aż staną się jaskrawoczerwone. Szczypcami zanurz homary w łaźni lodowo-wodnej na 2 minuty, a następnie odcedź.

b) Odkręć ogony i pazury homara i usuń mięso. Usuń i wyrzuć żyłę jelitową biegnącą wzdłuż każdego ogona homara. Pokrój mięso homara na 1/2-calowe kawałki i osusz, a następnie przełóż do sitka ustawionego nad miską i wstaw do lodówki, aż będzie bardzo zimne, przez co najmniej 1 godzinę

c) W dużej misce wymieszaj mięso homara z majonezem i dopraw solą i pieprzem. Dodać

pokrojonego w kostkę selera, sok z cytryny i pieprz cayenne, aż dobrze się połączą.
d) Podgrzej dużą patelnię. Posmaruj boki bułek z hot dogami roztopionym masłem i opiekaj na średnim ogniu na złoty kolor z obu stron. Przełóż bułki z hot dogami na talerze, napełnij je posiekaną sałatą i sałatką z homara i od razu podawaj.

3. Termidor nadziewany homarem

Składniki

- 6 (1 funt) mrożonych ogonów homara
- 10 łyżek masła, roztopionego
- 1 szklanka pokrojonych w plasterki świeżych grzybów
- 4 łyżki mąki
- 1 łyżeczka suszonej musztardy
- 2 kreski mielonej gałki muszkatołowej
- 2 kreski pieprz cayenne
- 1 łyżeczka soli
- 1 szklanka mleka
- 1 szklanka pół i pół
- 2 żółtka, lekko ubite
- 1 łyżeczka soku z cytryny
- 2 łyżki wina sherry
- 1/2 szklanki drobnej bułki tartej
- 2 łyżki startego parmezanu

Wskazówki

a) Rozgrzej piekarnik do 450 stopni F.

b) Włóż ogony homara do dużego garnka z wrzącą wodą i przykryj. Gotuj do miękkości, około 20 minut; odpływ.

c) Każdy ogon przeciąć wzdłuż na pół i pokroić w kostkę mięso homara. Odłóż na bok puste ogony homara.

d) Wlej 1/4 szklanki masła do rondla; dodać pieczarki i podsmażyć, aż lekko się zrumienią. Wymieszaj mąkę i dodaj przyprawy. Stopniowo dodawać mleko i pół na pół do masy, cały czas mieszając do uzyskania gęstej konsystencji. Do żółtek dodać niewielką ilość gorącej mieszanki, cały czas mieszając; następnie wlej mieszankę z żółtek do sosu śmietanowego, ciągle mieszając i gotując, aż zgęstnieje. Dodaj sok z cytryny, sherry i mięso homara; łyżka do muszli homara. Połącz bułkę tartą, parmezan i pozostałe masło; posyp nadziewanymi ogonami homara. Umieść na blasze i piecz w temperaturze 400 stopni F przez 15 minut.

Serwuje 6.

4. Homar z Wanilią

Składniki
- Żyj 1 1/2 funta homara na osobę
- 1 cebula
- 1 ząbek czosnku
- Pomidory, obrane i drobno posiekane
- Trochę wina lub wywaru rybnego
- Masło
- Sherry
- Ekstrakt waniliowy
- pieprz cayenne

Wskazówki

a) Pokrój homara na pół. Złam pazury i przetnij ogon przez stawy. Na ciężkiej patelni roztopić kawałek masła, delikatnie podsmażyć cebulę i czosnek. Dodaj kawałki homara i gotuj, aż zrumienią się, zanim wyjmiesz je w ciepłe miejsce.

b) Teraz zwiększ ogień i dodaj resztę składników oprócz wanilii, masła i cayenne. Zmniejsz pomidory, aż staną się bulgoczącą papką, a następnie zmniejsz ogień i dodaj masło w kawałkach i mieszaj, aby sos się nie rozdzielił.

c) Na koniec dodaj pół łyżeczki wanilii i koktajl cayenne. Homara polać sosem i podawać z ryżem.

KREWETKA

5. Krewetki z grilla na ostro

Serwuje 6

Składniki

- 1/3 szklanki oliwy z oliwek
- 1/4 szklanki oleju sezamowego
- 1/4 szklanki świeżej posiekanej natki pietruszki
- 3 łyżki pikantnego sosu BBQ Chipotle
- 1 łyżka mielonego czosnku
- 1 łyżka azjatyckiego sosu chili 1 łyżeczka soli
- 1 łyżeczka czarnego pieprzu
- 3 łyżki soku z cytryny
- 2 funty. krewetki duże, obrane i pozbawione żyłek
- 12 drewnianych szpikulców nasączonych wodą
- Tarcie

Wskazówki

a) W misce wymieszaj oliwę z oliwek, olej sezamowy, pietruszkę, pikantny sos chipotle BBQ, mielony czosnek, sos chili, sól, pieprz i sok z cytryny. Odłóż około 1/3 tej marynaty do użycia podczas grillowania.

b) Umieść krewetki w dużej, zamykanej plastikowej torbie. Wlej pozostałą marynatę i zamknij torebkę. Wstaw do lodówki na 2 godziny. Rozgrzej grill Good-One®, aby uzyskać mocne ciepło. Nawlecz krewetki na szaszłyki, przekłuwając raz przy ogonie i raz przy głowie. Odrzuć marynatę.

c) Ruszt grillowy lekko naoliwić. Gotuj krewetki przez 2 minuty z każdej strony, aż staną się nieprzezroczyste, często podlewając zarezerwowaną marynatą

6. Grillowane krewetki ziołowe

Służy 4

Składniki

- 2 funty. obrane i pozbawione żyłki krewetki jumbo ¾ szklanki oliwy z oliwek
- 2 łyżki świeżo wyciśniętego soku z cytryny 2 szklanki posiekanej świeżej bazylii
- 2 ząbki czosnku, zmiażdżone
- 1 łyżka posiekanej natki pietruszki 1 łyżeczka soli
- ½ łyżeczki oregano
- ½ łyżeczki świeżo zmielonego czarnego pieprzu

Wskazówki

a) Ułóż krewetki w jednej warstwie w płytkim szklanym lub ceramicznym naczyniu.
b) W robocie kuchennym zmiksuj oliwę z oliwek z sokiem z cytryny.
c) Przykryj i wstaw do lodówki na 2 godziny. Podczas marynowania zamieszaj krewetki 4 do 5 razy.
d) Przygotuj grill.
e) Lekko naoliwić ruszt do grillowania.

f) Połóż krewetki na posmarowanej olejem ruszcie (można nadziać w razie potrzeby) na rozżarzone węgle i grilluj przez 3 do 5 minut z każdej strony, aż będą lekko zwęglone i ugotowane. Nie przegotuj.
g) Natychmiast podawaj.

7. Krewetki en brochette

Porcje 4 (porcje przystawek)

Składniki

- ½ łyżki ostrego sosu
- 1 łyżka musztardy Dijon 3 łyżki piwa
- ½ funta dużych krewetek, obranych i pozbawionych mięsa
- 3 plastry boczku pokrojonego wzdłuż na 12 pasków
- 2 łyżki jasnobrązowego cukru

Wskazówki

a) W misce mieszamy ostry sos, musztardę i piwo.
b) Dodaj krewetki i wymieszaj, aby równomiernie się pokryły. Przechowywać w lodówce przez co najmniej 2 godziny. Odcedź i zarezerwuj marynatę. Owiń każdą krewetkę paskiem boczku.
c) Nawlecz 3 krewetki na 4 podwójne szpikulce. Włóż szpilki do płytkiej miski i wlej zarezerwowaną marynatę. Krewetki posyp cukrem. Przechowywać w lodówce przez co najmniej 1 godzinę
d) Przygotuj grill Good-One. Połóż broszetki na ruszcie, polej je marynatą i zamknij pokrywkę.

Gotuj przez 4 minuty, następnie odwróć je, zamknij pokrywką i gotuj przez 4 minuty.
e) Natychmiast podawaj

8. Paczki z krewetkami

Składniki

- 4 funty Duże krewetki
- 1 szklanka masła lub margaryny
- 1 duży czosnek goździkowy, mielony
- 1/2 łyżeczki czarnego pieprzu
- 1 łyżeczka soli
- 1 szklanka natki pietruszki, mielonej

Wskazówki

a) Obierz i oczyść krewetki
b) Masło śmietankowe; dodać pozostałe składniki do masła i dobrze wymieszać. Wytnij 6 (9-calowych) pasków wytrzymałej folii aluminiowej. Następnie pokrój każdy pasek na pół. Podzielić krewetki równo na każdym kawałku folii. Na wierzch każdego z 1/12 masy masła, przynieś folię wokół krewetek; mocno skręcić, aby uszczelnić. Umieść paczki krewetek na żarze. Gotuj 5 minut.

Sprawia, że 12 paczek

9. krewetki bazyliowe

Składniki

- 2 1/2 łyżki oliwy z oliwek
- 1/4 szklanki masła, stopionego
- 1/2 cytryny, wyciśnięty sok
- łyżki gruboziarnistej przygotowanej musztardy
- uncji mielonej świeżej bazylii
- Ząbki czosnku, mielone
- sól dla smaku
- 1 szczypta białego pieprzu
- 3 funty świeżych krewetek, obranych i pozbawionych żyłki

Wskazówki

a) W płytkim, nieporowatym naczyniu lub misce wymieszaj oliwę z oliwek i roztopione masło. Następnie wymieszać sok z cytryny, musztardę, bazylię i czosnek, doprawić solą i białym pieprzem. Dodaj krewetki i wrzuć do płaszcza. Przykryj i wstaw do lodówki lub chłodziarki na 1 godzinę. Rozgrzej grill do wysokiej temperatury.

b) Krewetki wyjąć z marynaty i nawlec na szaszłyki. Lekko naoliwić i ułożyć szaszłyki na grillu. Gotuj przez 4 minuty, obracając raz, aż będzie gotowe.

10. Grillowane krewetki w bekonie

Składniki

- 1 funt dużych krewetek
- plastry boczku pokrojone w 1/2
- ser pieprzowy

Wskazówki

a) Umyj, obierz i oczyść krewetki. Rozetnij grzbiet każdej krewetki. Umieść mały plasterek sera w szczelinie i zawiń kawałkiem boczku. Użyj wykałaczki, aby trzymać razem.

b) Smaż na grillu, aż bekon będzie lekko chrupiący. To jest pyszne i proste!

11. Krewetki z grilla

Składniki

- 1 funt średniej wielkości krewetki
- 3-4 łyżki oliwy z oliwek
- 2 łyżki "Old Bay Seasoning"

Wskazówki

a) Obierz i obierz krewetki, pozostawiając na ogonach. Umieść wszystkie składniki w torebce z zamkiem błyskawicznym i dobrze wstrząśnij. To może marynować 5 minut lub kilka godzin.

b) Krewetki układamy na „patelni grillowej" (z otworami, aby krewetki nie wpadły między ruszty na grillu) i grillujemy na średnim wysokim poziomie przez kilka minut. Bardzo ostry

Służy 2

12. Alabama zapiekanka z krewetkami

Składniki

- 1 szklanka roztopionego masła lub margaryny
- 3/4 szklanki soku z cytryny
- 3/4 szklanki sosu Worcestershire
- 1 łyżka soli
- 1 łyżka grubo mielonego pieprzu
- 1 łyżeczka suszonego rozmarynu
- 1/8 łyżeczki mielonej czerwonej papryki
- 1 łyżka ostrego sosu
- 3 ząbki czosnku, posiekane
- 2 1/2 funta nieobranych dużych lub jumbo krewetek
- 2 cytryny, cienko pokrojone
- 1 średnia cebula, pokrojona w cienkie plasterki
- Świeże gałązki rozmarynu

Wskazówki

a) Połącz pierwsze 9 składników w małej misce; odłożyć na bok.

b) Opłucz krewetki zimną wodą; dobrze spuścić. Włóż krewetki, plasterki cytryny i plasterki cebuli do nienatłuszczonego naczynia do pieczenia o wymiarach 13 x 9 x 2 cale. Zalej krewetki masłem. Piecz bez przykrycia w temperaturze 400 stopni F przez 20 do 25 minut lub do momentu, gdy krewetki staną się różowe, podlewając od czasu do czasu sokami z patelni. Udekoruj świeżymi gałązkami rozmarynu.

13. Prawie Krewetkowe Paesano

Składniki

- Krewetka
- 1 jajko
- 1 szklanka mleka
- Sól i pieprz do smaku
- 1 funt bardzo dużych krewetek, obranych i pozbawionych pestek, z pozostawionymi ogonami
- 1/2 szklanki mąki uniwersalnej
- Olej roślinny

Wskazówki

a) W płytkiej misce wymieszać jajka, mleko, sól i pieprz. Zanurz krewetki w mieszance, a następnie lekko zanurz w mące.

b) Rozgrzej olej na patelni, aż będzie gorący, a następnie dodaj krewetki 4 do 6 na raz, upewniając się, że krewetki mają dużo miejsca do gotowania. (Ważne jest, aby krewetki nie znajdowały się blisko siebie ani nie dotykały.) Przyrumienić je z jednej strony, a następnie obrócić i zrumienić z drugiej. Gotuj do końca lub umieść na blasze do pieczenia w rozgrzanym piekarniku o temperaturze 350 stopni F, aby zakończyć gotowanie. W międzyczasie przygotuj sos.

14. Risotto z fasolą i krewetkami

Składniki

- 1 ½ szklanki posiekanej cebuli
- 1 funt obranych, pozbawionych żyłki krewetek
- 4 ząbki czosnku, mielone
- 1 szklanka groszku cukrowego
- 1 łyżka oliwy z oliwek
- 1 puszka fasoli lub ½ szklanki gotowanej
- 3 do 4 uncji. pieczarki, pokrojone
- fasola w suchym opakowaniu, wypłukana,
- 1 ½ szklanki ryżu Arborio, odsączonego
- 3 puszki beztłuszczowego bulionu z kurczaka o obniżonej zawartości sodu
- 1 średni pomidor, posiekany
- kubek parmezanu lub sera Asiago
- sól i pieprz do smaku

Wskazówki

a) Cebulę, czosnek i pieczarki podsmażyć na oleju w dużym rondlu do miękkości, 5 do 8 minut.
b) Dodaj ryż i gotuj 2-3 minuty.
c) Podgrzej bulion do wrzenia w średnim rondlu; zmniejszyć ciepło do niskiego. Dodaj 1 szklankę bulionu do ryżu i gotuj, cały czas mieszając, aż bulion zostanie wchłonięty przez 1 do 2 minut. Powoli dodaj 2 szklanki bulionu i gotuj, mieszając, aż bulion się wchłonie.

d) Do rondla wrzuć krewetki, groszek i pozostały bulion. Gotuj, często mieszając, aż ryż będzie miękki i płyn wchłonie, 5 do 10 minut.
e) Dodaj fasolę i pomidory; gotuj 2 do 3 minut dłużej. Dodaj ser; dopraw do smaku solą i pieprzem.

15. Krewetki Pieczone w Piwie

Składniki

- 3/4 szklanki piwa
- 3 łyżki oleju roślinnego
- 2 łyżki natki pietruszki
- 4 łyżeczki sosu Worcestershire
- 1 ząbek czosnku, posiekany
- 1/2 łyżeczki soli
- 1/8 łyżeczki pieprzu
- 2 funty dużych krewetek, niełuskanych

Wskazówki

a) Połącz olej, pietruszkę, sos Worcestershire, czosnek, sól i pieprz. Dodaj krewetki; zamieszać. Pokrywa; odstawić w temperaturze pokojowej na 1 godzinę.

b) Odcedź, zachowując marynatę. Połóż krewetki na dobrze nasmarowanej ruszcie dla brojlerów; podpiekać 4 do 5 cali od ognia przez 4 minuty. Skręcać; posmarować marynatą. Podsmaż jeszcze 2 do 4 minut, aż będzie jasnoróżowy.

Na 6 porcji

16. Gotowane Krewetki Zatokowe

Składniki

- 1 galon wody
- 3 uncje mięsa kraba
- 2 cytryny, pokrojone
- 6 ziaren pieprzu
- 2 liście laurowe
- 5 funtów surowych krewetek w skorupce

Wskazówki

a) Zagotować wodę doprawioną wrzącym krabem, cytrynami, pieprzem i liściem laurowym. Wrzuć krewetki.

b) Gdy woda wróci do wrzenia, gotuj krewetki jumbo lub duże przez 12 do 13 minut, a krewetki średnie przez 7 do 8 minut. Zdejmij z ognia i dodaj 1 kwartę lodowatej wody. Odstaw na 10 minut. Odpływ.

17. Sos Remoulade

Składniki

- 1/2 łyżki musztardy kreolskiej lub więcej
- 2 łyżki startej cebuli
- 1 pinta majonezu
- 1/4 szklanki chrzanu lub więcej
- 1/2 szklanki posiekanego szczypiorku
- 1/4 łyżeczki soli
- 1 łyżka soku z cytryny
- 1/4 łyżeczki pieprzu

Wskazówki

a) Wymieszaj wszystkie składniki. Podawaj z gotowanymi krewetkami na zimno na danie główne z krewetek remoulade lub użyj jako dip do krewetek gotowanych. Sos najlepiej smakuje po 24 godzinach.
b) Na 2 1/4 szklanki sosu.

18. kalifornijskie krewetki

Składniki

- 1 funt masła, klarowane
- 1 łyżka mielonego czosnku
- 1 łyżeczka soli
- 1 łyżeczka pieprzu
- 1 1/2 funta dużych krewetek, łuskanych i pozbawionych żyły

Wskazówki

a) Podgrzej 3 łyżki masła klarowanego na dużej patelni. Dodaj czosnek i podsmaż. Dodaj sól i pieprz oraz krewetki, które w razie potrzeby można pomalować motylkami. Smaż, aż krewetki zmienią kolor i będą miękkie. Dodaj pozostałe masło i podgrzej. Krewetki ułożyć na talerzach i posypać gorącym masłem.
b) Na 4 do 6 porcji

19. Krewetki Szampan i Makaron

Składniki

- 8 uncji makaronu z włosami anioła
- 1 łyżka oliwy z oliwek z pierwszego tłoczenia
- 1 szklanka pokrojonych w plasterki świeżych grzybów
- 1 funt średnich krewetek, obranych i pozbawionych żyłki
- 1-1/2 szklanki szampana
- 1/4 łyżeczki soli
- 2 łyżki mielonej szalotki
- 2 pomidory śliwkowe, pokrojone w kostkę
- 1 szklanka gęstej śmietany
- sól i pieprz do smaku
- 3 łyżki posiekanej świeżej pietruszki
- świeżo starty parmezan

Wskazówki

a) Zagotuj w dużym garnku lekko osoloną wodę. Makaron gotuj we wrzącej wodzie przez 6-8 minut lub do uzyskania al dente; odpływ. W międzyczasie rozgrzej olej na średnim ogniu na dużej patelni. Pieczarki smażymy i mieszamy w oleju do miękkości. Pieczarki wyjąć z patelni i odstawić.

b) Połącz krewetki, szampana i sól na patelni i gotuj na dużym ogniu. Gdy płyn zacznie się gotować, wyjmij krewetki z patelni. Dodaj szalotki i pomidory do szampana; gotować, aż płyn zmniejszy się do 1/2 szklanki, około 8 minut. Dodać 3/4 szklanki śmietanki; gotować, aż będzie lekko gęsty, około 1 do 2 minut. Dodaj krewetki i pieczarki do sosu i podgrzej.

c) Dopraw przyprawy do smaku. Wrzucić gorący, ugotowany makaron z pozostałą 1/4 szklanki śmietany i natką pietruszki. Do podania nałóż krewetki z sosem na makaron i posyp parmezanem.

20. Krewetka Kokosowa z Galaretką Jalapeño

Składniki

- 3 szklanki posiekanego kokosa
- 12 (16-20 lub 26-30) krewetek, obranych i pozbawionych żyłki
- 1 szklanka mąki
- 2 jajka, ubite
- Olej roślinny

Wskazówki

a) Delikatnie podpiecz kokos na blasze w piekarniku o temperaturze 350 stopni F przez 8 do 10 minut.
b) Motyluj każdą krewetkę, dzieląc ją wzdłuż środka, przecinając trzy czwarte drogi. Krewetki obtoczyć w mące, a następnie zanurzyć w jajku. Wciśnij posiekany orzech kokosowy do krewetek, a następnie smaż na oleju roślinnym o temperaturze 350 stopni F na złoty kolor.
c) Podawać z galaretką Jalapeño.

21. Kokosowa Tempura Krewetka

Składniki

- 2/3 szklanki mąki
- 1/2 szklanki mąki kukurydzianej
- 1 duże jajko, ubite
- 1 szklanka startego świeżego kokosa
- 1 szklanka lodowatej wody sodowej
- Sól
- 1 funt dużej krewetki, obranej, pozbawionej żyłki i ogonem
- Przyprawa kreolska
- 1 słoik chutney z mango
- 1 babka
- 1 łyżka kolendry, drobno posiekanej

Wskazówki

a) Rozgrzej frytownicę.
b) W średniej wielkości misce wymieszaj mąkę, skrobię kukurydzianą, jajko, kokos i wodę sodową. Dobrze wymieszaj, aby uzyskać gładkie ciasto. Sezon z solą. Dopraw krewetki przyprawą kreolską. Trzymając krewetki za ogon, zanurz w cieście, całkowicie obtocz i strzepując nadmiar. Smaż krewetki partiami na złoty kolor, około 4 do 6 minut. Wyjmij i osusz na ręcznikach papierowych. Dopraw przyprawami kreolskimi.

c) Obierz banany. Pokrój banany na cienkie plasterki, wzdłuż. Smaż je na złoty kolor. Wyjmij i osusz na ręcznikach papierowych. Dopraw przyprawami kreolskimi.

d) Na środku każdego talerza umieść trochę sosu z mango. Połóż krewetki wokół sosu. Udekoruj smażonymi bananami i kolendrą.

22. Cornsicles z Krewetką i Oregano

Składniki

- 6 uszy kukurydzy
- 1 łyżeczka soli
- 1/4 łyżeczki białego pieprzu
- 1 łyżka posiekanego świeżego meksykańskiego oregano lub
- 1 łyżeczka suszonego meksykańskiego oregano
- 12 średnich krewetek
- 24 patyczki do lodów

Wskazówki

a) Krewetki obrać, wyciąć i pokroić w kostkę. Kukurydzę obetnij i usuń łuski i jedwab. Zachowaj i umyj większe łuski. Odetnij ziarna kukurydzy z kolby, wyskrobując tyle mleka, ile możesz. Zmiel ziarna za pomocą maszynki do mięsa z ostrym nożem. Dodaj sól, biały pieprz, oregano i krewetki. Dobrze wymieszaj.

b) Rozgrzej piekarnik do 325 stopni F.

c) Upuść łyżkę mieszanki kukurydzianej na środek czystej łuski. Złóż lewą stronę łuski do środka, potem prawą, a następnie złóż dolny koniec do góry. Wsuń patyczek do lodów na 2 do 3 cali w otwarty koniec i uszczypnij palcami łuskę wokół patyka. Oderwij cienkie pasmo z suchej łuski i zawiąż je wokół rogatki. Ułóż bułki, patyczki na powietrzu i bardzo blisko siebie, w szklanej brytfannie lub brytfannie. Piecz 30 minut, aż kukurydza będzie jędrna i twarda.

d) Aby zjeść cornsicle, obierz kukurydzianą łuskę i zjedz ją na gorąco z patyczka, tak jak Popsicle.

23. Krewetki Kremowe Pesto

Składniki

- 1 funt makaronu linguine
- 1/2 szklanki masła
- 2 szklanki gęstej śmietany
- 1/2 łyżeczki mielonego czarnego pieprzu
- 1 szklanka startego parmezanu
- 1/3 szklanki pesto
- 1 funt dużych krewetek, obranych i pozbawionych żyłki

Wskazówki

Zagotuj w dużym garnku lekko osoloną wodę. Dodaj makaron linguine i gotuj przez 8 do 10 minut lub do al dente; odpływ. Na dużej patelni rozpuść

masło na średnim ogniu. Dodać śmietanę i doprawić pieprzem. Gotuj od 6 do 8 minut, ciągle mieszając. Wymieszaj parmezan z sosem śmietanowym, mieszając, aż dokładnie się wymiesza. Zmiksuj pesto i gotuj przez 3-5 minut, aż zgęstnieje. Dodaj krewetki i gotuj przez około 5 minut, aż staną się różowe. Podawaj na gorącym makaroniku.

24. Krewetki delta

Składniki

- 2 litry wody
- 1/2 dużej cytryny, pokrojonej w plastry
- 2 1/2 funta nieobranych dużych świeżych krewetek
- 1 szklanka oleju roślinnego
- 2 łyżki ostrego sosu
- 1 1/2 łyżeczki oliwy z oliwek
- 1 1/2 łyżeczki mielonego czosnku
- 1 łyżeczka mielonej świeżej pietruszki
- 3/4 łyżeczki soli
- 3/4 łyżeczki przyprawy Old Bay
- 3/4 łyżeczki suszonej całej bazylii
- 3/4 łyżeczki suszonego całego oregano
- 3/4 łyżeczki suszonego całego tymianku
- Sałata liściasta

Wskazówki

a) Zagotuj wodę i cytrynę; dodaj krewetki i gotuj 3 do 5 minut. Odsącz dobrze; spłucz zimną wodą. Obierz i obierz krewetki, pozostawiając nienaruszone ogony. Włóż krewetki do dużej miski.

b) Połącz olej i kolejne 9 składników; wymieszać trzepaczką drucianą. Zalej krewetki. Posyp krewetki.

25. Krewetki w Kremie

Składniki

- 3 puszki kremowej zupy krewetkowej
- 1 1/2 łyżeczki curry w proszku
- 3 szklanki kwaśnej śmietany
- 1 1/2 funta krewetek, ugotowanych i obranych

Wskazówki

a) Połącz wszystkie składniki i podgrzej na górze podwójnego kotła.
b) Podawać z ryżem lub w skorupkach pasztecików.

26. Kajaki z bakłażanem

Składniki

- 4 średnie bakłażany
- 1 szklanka posiekanej cebuli
- 1 szklanka posiekanej zielonej cebuli
- 4 ząbki czosnku, posiekane
- 1 szklanka posiekanej papryki
- 1/2 szklanki selera naciowego, posiekanego
- 2 liście laurowe
- 1 łyżeczka tymianku
- 4 łyżeczki soli
- 1 łyżeczka czarnego pieprzu
- 4 łyżki tłuszczu z boczku
- 1 1/2 funta surowych krewetek, obranych
- 1/2 szklanki (1 pałeczka) masła
- 1 łyżka sosu Worcestershire
- 1 łyżeczka ostrego sosu Louisiana
- 1 szklanka przyprawionej włoskiej bułki tartej
- 2 jajka, ubite
- 1/2 szklanki natki pietruszki, posiekanej
- 1 funt kawałka mięsa krabowego
- 3 łyżki soku z cytryny
- 8 łyżek sera Romano, startego
- 1 szklanka ostrego sera Cheddar, startego

Wskazówki

a) Bakłażany przeciąć wzdłuż na pół i gotować w osolonej wodzie przez około 10 minut lub do miękkości. Wyciągnij wnętrze i drobno posiekaj. Ułóż skorupki bakłażana w płytkim naczyniu do pieczenia. Podsmaż cebulę, szczypiorek, czosnek, paprykę, seler, liście laurowe, tymianek, sól i pieprz w tłuszczu z boczku przez około 15 do 20 minut. Dodaj posiekany bakłażan i gotuj pod przykryciem przez około 30 minut.
b) Na osobnej patelni podsmaż krewetki na maśle, aż staną się różowe, około 2 minut, a następnie dodaj do mieszanki z bakłażana. Dodaj sos Worcestershire, ostry sos, bułkę tartą i jajka do mieszanki z bakłażanami. Dodaj pietruszkę i sok z cytryny. Dodaj ser. Delikatnie dodać mięso kraba. Wypełnij skorupki bakłażana mieszanką. Piec bez przykrycia w temperaturze 350 stopni F, aż będą gorące i przyrumienione, około 30 minut.

Daje 8 porcji

27. Krewetki Czosnkowe

Składniki

- 2 łyżki oliwy z oliwek
- 4 ząbki czosnku, pokrojone w cienkie plasterki
- 1 łyżka pokruszonej czerwonej papryki
- 1 funt krewetki
- sól i pieprz do smaku

Wskazówki

a) Rozgrzej oliwę z oliwek na patelni na średnim ogniu. Dodaj czosnek i czerwoną paprykę. Smaż, aż czosnek się zrumieni, często mieszając, aby czosnek się nie przypalił.

b) Wrzuć krewetki do oleju (uważaj, aby olej nie rozpryskiwał się na Ciebie). Smaż przez 2 minuty z każdej strony, aż się zarumienią.

c) Dodaj sól i pieprz. Gotuj przez kolejną minutę przed wyjęciem z ognia. Podawać z plastrami bagietki (w stylu tapas) lub z makaronem.

d) Jeśli podrzucasz makaron: Zacznij w dużym rondlu. Ugotuj krewetki zgodnie z instrukcją, robiąc makaron w osobnym garnku (prawdopodobnie zaczniesz makaron przed krewetkami, ponieważ krewetka zajmuje tylko 5-7 minut). Podczas spuszczania makaronu zachowaj trochę wody makaronowej.

e) Gdy krewetki są gotowe, wlej ugotowany makaron do rondla z krewetkami i dobrze

wymieszaj, posmaruj makaron czosnkiem i oliwą z papryki. Jeśli to konieczne, dodaj zapas wody z makaronu, porcjami po łyżce stołowej.
f) Posyp posiekaną natką pietruszki.

28. Grillowane Krewetki Marynowane

Składniki

- 1 szklanka oliwy z oliwek
- 1/4 szklanki posiekanej świeżej pietruszki
- 1 sok z cytryny
- 2 łyżki sosu paprykowego
- 3 ząbki czosnku, mielone
- 1 łyżka pasty pomidorowej
- 2 łyżeczki suszonego oregano
- 1 łyżeczka soli
- 1 łyżeczka mielonego czarnego pieprzu
- 2 funty dużych krewetek, obranych i pozbawionych żyłki z dołączonymi ogonkami
- Szaszłyki

Wskazówki

a) W misce wymieszaj oliwę z oliwek, pietruszkę, sok z cytryny, ostry sos, czosnek, koncentrat pomidorowy, oregano, sól i czarny pieprz. Zarezerwuj niewielką ilość na późniejsze fastrygowanie. Pozostałą marynatę wlać do dużej zamykanej plastikowej torebki z krewetkami. Zamknąć i marynować w lodówce przez 2 godziny.

b) Rozgrzej grill na średnio-niskie ciepło. Nawlecz krewetki na szaszłyki, przekłuwając raz przy ogonie i raz przy głowie. Odrzuć marynatę.

c) Ruszt grillowy lekko naoliwić. Gotuj krewetki przez 5 minut z każdej strony lub do zmętnienia, często podlewając zarezerwowaną marynatą.

29. Krewetka Teksas

Składniki

- 1/4 szklanki oleju roślinnego
- 1/4 szklanki tequili
- 1/4 szklanki octu z czerwonego wina
- 2 łyżki soku z meksykańskiej limonki
- 1 łyżka mielonej czerwonej papryczki chili
- 1/2 łyżeczki soli
- 2 ząbki czosnku, drobno posiekane
- 1 czerwona papryka, drobno posiekana
- 24 duże surowe krewetki, obrane i pozbawione żyłek

Wskazówki

a) Wymieszaj wszystkie składniki oprócz krewetek w płytkim szklanym lub plastikowym naczyniu. Dodaj krewetki. Przykryj i wstaw do lodówki na 1 godzinę.

b) Wyjmij krewetki z marynaty, zachowując marynatę. Nałóż 4 krewetki na każdy z sześciu (8-calowych) metalowych szpikulców. Grilluj na średnich węglach, obracając raz, aż do różowego koloru, 2 do 3 minut z każdej strony.

c) Podgrzej marynatę do wrzenia w niereaktywnym rondlu. Zmniejszyć ogień do niskiego poziomu. Dusić bez przykrycia, aż papryka będzie miękka, około 5 minut. Podawać z krewetkami.

30. Hawajskie szaszłyki z krewetkami

Składniki

- 1/2 funta krewetek, obranych, pozbawionych mięsa i niegotowanych 1/2 funta przegrzebków z zatoki lub morskich 1 puszka kawałków ananasa w soku
- 1 zielona papryka, pokrojona w ósemki
- plastry boczku

Sos:

- 6 uncji sosu barbecue
- 16 uncji salsy
- 2 łyżki soku ananasowego
- 2 łyżki białego wina

Wskazówki

a) Mieszaj składniki sosu, aż się równomiernie wymieszają. Szaszłyk z ananasa, krewetki, przegrzebki, ćwiartki papryki i złożone plastry bekonu.

b) Smażyć szpikulec równomiernie z każdej strony i grillować. Gotuj, aż krewetki nabiorą różowego koloru. Podawać z ryżem.

31. Grillowane Krewetki Z Miodem i Tymiankiem

Składniki

- Marynata z Pieczonego Czosnku
- 2 funty świeżych lub mrożonych niegotowanych dużych krewetek w skorupkach
- 1 średnia czerwona papryka, pokrojona w kwadraty o średnicy 2,5 cm i blanszowana
- 1 średnia żółta papryka, pokrojona w 1-calowe kwadraty i blanszowana
- 1 średnia czerwona cebula, pokrojona w ćwiartki i podzielona na kawałki

Wskazówki

a) Przygotuj marynatę z pieczonego czosnku
b) Obierz krewetki. (Jeśli krewetki są zamrożone, nie rozmrażaj; obierz w zimnej wodzie.) Zrób płytkie nacięcie wzdłuż grzbietu każdej krewetki; wypłucz żyłę.
c) Wlej 1/2 szklanki marynaty do małej, zamykanej plastikowej torebki; zamknij torebkę i wstaw do lodówki do momentu podania. Pozostałą marynatę wlać do dużej zamykanej plastikowej torebki. Dodaj krewetki, paprykę i cebulę, obracając, aby pokryć marynatą. Zamknąć worek i przechowywać w lodówce co najmniej 2 godziny, ale nie dłużej niż 24 godziny.
d) Posmaruj ruszt grillowy olejem roślinnym. Rozgrzej węgle lub grill gazowy do

bezpośredniego ogrzewania. Usuń krewetki i warzywa z marynaty; dobrze spuścić. Odrzuć marynatę. Nałóż krewetki i warzywa na przemian na każdy z sześciu 15-calowych metalowych szpikulców, pozostawiając przestrzeń między nimi.

e) Grilluj kebaby odkryte 4 do 6 cali od GORĄCEGO ognia przez 7 do 10 minut, obracając raz, aż krewetki będą różowe i jędrne. Umieść kebaby na tacy do serwowania. Wytnij mały róg z małej plastikowej torebki z zarezerwowaną marynatą za pomocą nożyczek. Krewetki i warzywa skropić marynatą.

Wydajność: 6 porcji.

32. Marynata z Pieczonego Czosnku

Składniki

- 1 średnia cebulka czosnku
- 1/3 szklanki oliwy lub oleju roślinnego
- 2/3 szklanki soku pomarańczowego
- 1/4 szklanki pikantnej musztardy miodowej
- 3 łyżki miodu
- 3/4 łyżeczki suszonych liści tymianku, pokruszonych

Wskazówki

a) Rozgrzej piekarnik do 375 stopni F.
b) Odetnij jedną trzecią wierzchołka nieobranej cebulki czosnku, odsłaniając goździki. Umieść czosnek w małym naczyniu do pieczenia; skropić olejem.
c) Przykryj szczelnie i piecz 45 minut; Fajny. Wyciśnij miąższ czosnku z papierowej skórki. Umieść czosnek i pozostałe składniki w blenderze.
d) Przykryj i zmiksuj na wysokich obrotach, aż będzie gładka. Robi około 1 1/2 filiżanki.

33. Krewetki Gorące i Pikantne

Składniki

- 1 funt masła
- 1/4 szklanki oleju arachidowego
- 3 ząbki czosnku, posiekane
- 2 łyżki rozmarynu
- 1 łyżeczka posiekanej bazylii
- 1 łyżeczka posiekanego tymianku
- 1 łyżeczka posiekanego oregano
- 1 mała ostra papryka, posiekana lub
- 2 łyżki mielonego pieprzu cayenne
- 2 łyżeczki świeżego mielonego czarnego pieprzu
- 2 liście laurowe, pokruszone
- 1 łyżka papryki
- 2 łyżeczki soku z cytryny
- 2 funty surowych krewetek w skorupkach
- Sól

Wskazówki

a) Krewetki powinny mieć rozmiar 30-35 za funt.
b) Rozpuść masło i olej w ognioodpornej naczyniu do pieczenia. Dodać czosnek, zioła, paprykę, liście laurowe, paprykę i sok z cytryny, zagotować. Zmniejszyć ogień i gotować 10 minut, często mieszając. Zdejmij naczynie z ognia i pozwól smakom połączyć się przez co najmniej 30 minut.
c) Ten gorący sos maślany można przygotować dzień wcześniej i przechowywać w lodówce. Rozgrzej piekarnik do 450 stopni F. Podgrzej

sos, dodaj krewetki i gotuj na średnim ogniu, aż krewetki po prostu się zaróżowią, a następnie piecz w piekarniku jeszcze około 30 minut.
Smak do przypraw, w razie potrzeby dodając sól.
d) Po zjedzeniu krewetek zjedz sos maślany z chrupiącym chlebem.

34. Włoska Pieczona Krewetka

Składniki

- 2 funty krewetek jumbo
- 1/4 szklanki oliwy z oliwek
- 2 łyżki mielonego czosnku
- 1/4 szklanki mąki
- 1/4 szklanki masła, stopionego
- 4 łyżki natki pietruszki, mielonej
- 1 szklanka sosu maślanego

Wskazówki

a) Krewetki muszlowe, z pozostawionymi ogonami. Osuszyć, a następnie oprószyć mąką. Do płaskiej formy do pieczenia wymieszać olej i masło; dodaj krewetki. Piec na średnim ogniu przez 8 minut. Dodaj czosnek i pietruszkę do Sosu Maślanego. Zalej krewetki.

b) Mieszaj, aż krewetki zostaną pokryte. Piecz jeszcze 2 minuty.

35. Krewetka Jerk ze Słodkim Ryżem Jamajskim

Składniki

- 1 funt średnich krewetek (51-60 sztuk), surowych, w skorupce z przyprawą Jerk
- 2 szklanki gorącego ugotowanego ryżu
- 1 (11 uncji) puszki mandarynek, odsączonych i posiekanych
- 1 (8 uncji) puszki zmiażdżonego ananasa, odsączonego
- 1/2 szklanki posiekanej czerwonej papryki
- 1/4 szklanki posiekanych migdałów, prażonych
- 1/2 szklanki pokrojonej szalotki
- 2 łyżki płatków kokosowych, prażonych
- 1/4 łyżeczki mielonego imbiru

Wskazówki

a) Przygotuj marynatę do szarpnięć zgodnie z instrukcją na opakowaniu na odwrocie przyprawy do szarpnięć.
b) Obierz i obierz krewetki bez ogona. Umieść w marynacie podczas przygotowywania ryżu.
c) Na dużej patelni połącz wszystkie pozostałe składniki. Gotuj na średnim ogniu, cały czas mieszając przez 5 minut lub do całkowitego podgrzania. Usuń krewetki z marynaty. Umieść na patelni brojlerowej w jednej warstwie. Piecz od 5 do 6 cali z ognia przez 2 minuty.
d) Dobrze wymieszaj i smaż przez kolejne 2 minuty, aż krewetki będą po prostu różowe.
e) Podawać z ryżem.

36. Pieczone Krewetki Cytrynowo-Czosnkowe

Składniki
- 2 funty średnich krewetek, obranych i pozbawionych pestek
- 2 ząbki czosnku, połówki
- 1/4 szklanki roztopionego masła lub margaryny
- 1/2 łyżeczki soli
- Grubo mielony pieprz
- 3 krople ostrego sosu
- 1 łyżka sosu Worcestershire
- 5 łyżek posiekanej świeżej pietruszki

Wskazówki

a) Umieścić krewetki w jednej warstwie na patelni z galaretką o wymiarach 15 x 10 x 1 cal; odłożyć na bok.

b) Smaż czosnek na maśle, aż się zrumieni; usuń i wyrzuć czosnek. Dodaj pozostałe składniki oprócz pietruszki, dobrze mieszając. Wlej mieszankę na krewetki. Podpiecz krewetki 4 cale od ognia przez 8 do 10 minut, raz podlewając. Posyp natką pietruszki.

Daje 6 porcji.

37. Krewetki z Papryką Limonkową

Składniki
- 1 funt dużych krewetek, obranych i pozbawionych żyłki
- 1 łyżka oliwy z oliwek
- 1 łyżka mielonego świeżego rozmarynu
- 1 łyżka mielonego świeżego tymianku
- 2 łyżeczki mielonego czosnku
- 1 łyżeczka grubo zmielonego czarnego pieprzu
- szczypta mielonej czerwonej papryki
- Sok z jednej limonki

Wskazówki
a) W średniej misce wymieszać krewetki, olej, zioła i paprykę. Dobrze wymieszaj, aby pokryć krewetki. Odstawić w temperaturze pokojowej na 20 minut.
b) Podgrzej dużą, nieprzywierającą patelnię na średnim ogniu przez 3 minuty. Dodaj krewetki w jednej warstwie. Smaż przez 3 minuty z każdej strony, aż krewetki będą różowe i po prostu ugotowane. Nie rozgotuj. Zdejmij z ognia i dodaj sok z limonki.

38. Luizjana Esplanade Krewetki

Składniki
- 24 duże świeże krewetki
- 12 uncji masła
- 1 łyżka puree czosnkowego
- 2 łyżki sosu Worcestershire
- 1 łyżeczka suszonego tymianku
- 1 łyżeczka suszonego rozmarynu
- 1/2 łyżeczki suszonego oregano
- 1/2 łyżeczki pokruszonej czerwonej papryki
- 1 łyżeczka pieprzu cayenne
- 1 łyżeczka czarnego pieprzu
- 8 uncji piwa
- 4 szklanki ugotowanego białego ryżu
- 1/2 szklanki drobno posiekanej szalotki

Wskazówki
a) Krewetki umyć i pozostawić w skorupce. Roztop masło na dużej patelni i wymieszaj z czosnkiem, sosem Worcestershire i przyprawami.
b) Dodaj krewetki i potrząśnij patelnią, aby zanurzyć krewetki w maśle, a następnie smaż na średnim ogniu przez 4 do 5 minut, aż staną się różowe.
c) Następnie wlej piwo i mieszaj jeszcze minutę, po czym zdejmij z ognia. Krewetki obrać, obrać i ułożyć na ryżu. Wylej soki z patelni i udekoruj posiekaną szalotką.
d) Natychmiast podawaj.

39. Malibu Smażyć Krewetki

Składniki
- 1 łyżka oleju arachidowego
- 1 łyżka masła
- 1 łyżka mielonego czosnku
- 1 funt średnich krewetek, łuskanych i pozbawionych żyłki
- 1 szklanka pokrojonych w plasterki pieczarek
- 1 pęczek szalotki, pokrojony w plastry
- 1 czerwona słodka papryka, bez pestek, pokrojona w cienkie paski 2"
- 1 szklanka świeżego lub mrożonego groszku
- 1 szklanka rumu Malibu
- 1 szklanka gęstej śmietany
- 1/4 szklanki posiekanej świeżej bazylii
- 2 łyżeczki mielonej pasty chili
- Sok z 1/2 limonki
- Świeżo zmielony czarny pieprz
- 1/2 szklanki posiekanego kokosa
- 1 funt fettuccini, gotowanego

Wskazówki
a) Na dużym rondlu rozgrzać olej i masło na dużym ogniu. Dodaj czosnek na 1 minutę. Dodaj krewetki, gotuj 2 minuty do różu. Dodaj warzywa i smaż 2 minuty.
b) Dodaj rum i gotuj 2 minuty. Dodaj śmietanę i gotuj 5 minut. Dodaj pozostałe przyprawy. Wymieszać z kokosem i ugotowanym makaronem.

40. Pieczone Krewetki

Składniki
- 4 funty nieobrane, duże świeże krewetki lub 6 funtów krewetki z głowami
- 1/2 szklanki masła
- 1/2 szklanki oliwy z oliwek
- 1/4 szklanki sosu chili
- 1/4 szklanki sosu Worcestershire
- 2 cytryny, pokrojone
- 4 ząbki czosnku, posiekane
- 2 łyżki przyprawy kreolskiej
- 2 łyżki soku z cytryny
- 1 łyżka posiekanej natki pietruszki
- 1 łyżeczka papryki
- 1 łyżeczka oregano
- 1 łyżeczka mielonej czerwonej papryki
- 1/2 łyżeczki ostrego sosu
- bagietka

Wskazówki
a) Rozłóż krewetki na płytkiej patelni brojlerowej wyłożonej folią aluminiową.
b) Połącz masło i kolejne 12 składników w rondlu na małym ogniu, mieszając, aż masło się rozpuści i zalej krewetki. Przykryj i schłódź 2 godziny, obracając krewetki co 30 minut.
c) Piec bez przykrycia w temperaturze 400 stopni F przez 20 minut; skręcić raz.
d) Podawać z pieczywem, zieloną sałatą i kolbą kukurydzy na pełny posiłek.

41. Naprawdę fajna sałatka z krewetek

Składniki
- 2 funty. Średnie Krewetki
- Cudowny bicz 1 filiżanka
- 1/2 szklanki zielonej cebuli
- 1 zielona papryka
- 1 mała główka sałaty
- 1 Średni Pomidor
- 1/2 szklanki sera mozzarella

Wskazówki
a) Krewetki obrać, wyjąć i ugotować. Sałatę, paprykę, pomidor, zieloną cebulkę i krewetki posiekać i wymieszać w misce... Rozdrobnić ser mozzarella i dodać do sałatki.
b) Dodaj cudowny bicz i dobrze wymieszaj.

42. M-80 Krewetki Skalne

Sos M-80

- 1 łyżka mąki kukurydzianej
- 1 szklanka wody
- 1 szklanka sosu sojowego
- 1 szklanka jasnobrązowego cukru
- 1 łyżka pasty chili sambal
- szklanka świeżo wyciśniętego soku pomarańczowego 1 chile serrano, drobno posiekane
- ząbki czosnku, drobno posiekane (ok. 1 łyżka stołowa)
- Jeden dwucalowy kawałek świeżego imbiru, zeskrobany/obrany i drobno posiekany

Sław

- zielona kapusta głowiasta, cienko pokrojona (około 1½ szklanki)
- kapusta głowiasta, cienko pokrojona (około 1½ szklanki)
- średnia marchewka, cienko pokrojona na 2-calowe kawałki
- średnia czerwona papryka, pokrojona w cienkie plasterki
- średnia czerwona cebula, pokrojona w cienkie plasterki

- 1 ząbek czosnku, pokrojony w cienkie plasterki
- 1 papryczka chili Serrano, pokrojona w cienkie plasterki
- liście bazylii, pokrojone w cienkie plasterki

Krewetka

- Olej roślinny
- 2 funty krewetek skalnych (lub zastąp 16-20 krewetek pokrojonych w drobną kostkę) 1 szklanka maślanki
- 3 szklanki mąki uniwersalnej
- Czarno-białe nasiona sezamu
- 1 łyżka zielonej cebuli, pokrojonej w cienkie plasterki
- Liście kolendry

Wskazówki
a) Przygotuj sos M-80: W małej misce wymieszaj skrobię kukurydzianą i wodę. Odłożyć na bok.
b) W małym rondelku wymieszaj sos sojowy, brązowy cukier, pastę chili, sok pomarańczowy, chile, czosnek i imbir i zagotuj sos. Zmniejsz ogień i gotuj przez 15 minut. Wymieszaj mieszankę skrobi kukurydzianej z wodą i ponownie zagotuj sos.

c) Zrobić surówkę: W średniej misce wymieszać zieloną i czerwoną kapustę, marchewkę, czerwoną paprykę, cebulę, czosnek, chile i bazylię. Odłożyć na bok.
d) Zrób krewetki: W średnim rondlu, nastawionym na duży ogień, dodaj tyle oleju, aby zrosło się do połowy garnka; podgrzewaj, aż olej osiągnie 350° (użyj termometru do pomiaru temperatury). Włóż krewetki skalne do dużej miski i zalej je maślanką.
e) Łyżką cedzakową wyjmij krewetki, odsącz nadmiar maślanki i w osobnej misce wymieszaj krewetki z mąką. Smaż krewetki przez 1 do $1\frac{1}{2}$ minuty.

43. Toast za miasto

Składniki

- Dwanaście 16-20 liczonych krewetek, wydrążonych i usuniętych muszli
- Sól i świeżo zmielony czarny pieprz
- 2 awokado
- 2 łyżki soku z limonki (około 1 średniej limonki), podzielone
- 2 łyżki drobno posiekanej kolendry
- 2 łyżeczki drobno posiekanej papryczki jalapeño (około 1 średniej papryczki jalapeño)
- 1 grejpfrut
- 1 mała bagietka, pokrojona w plastry ćwierćcalowe Oliwa z oliwek z pierwszego tłoczenia
- Sól i świeżo zmielony czarny pieprz $\frac{1}{4}$ szklanki pistacji, opiekanych i posiekanych

Wskazówki

a) Krewetki ułożyć na małym talerzu i doprawić solą i pieprzem. Awokado pokrój wzdłuż wokół pestek i usuń pestki. Pokrój miąższ awokado w kratkę i użyj łyżki, aby nabrać miąższ awokado do średniej miski. Połącz awokado z $1\frac{1}{2}$ łyżki soku z limonki oraz kolendrą i jalapeño.

b) Użyj noża, aby usunąć skórę i miąższ grejpfruta i pokrój wzdłuż błon, aby usunąć segmenty. Odłożyć na bok.

c) Posmaruj plastry bagietki oliwą i dopraw solą i pieprzem. Włożyć plastry bagietki do tostera i opiekać na złoty kolor.
d) Na średniej patelni rozgrzać 1½ łyżki oliwy z oliwek i dodać krewetki. Smaż przez minutę z jednej strony, następnie odwróć i gotuj kolejne 30 sekund z drugiej strony. Przełóż krewetki do miski i wymieszaj z pozostałą ½ łyżki soku z limonki.
e) Aby przygotować: Rozłóż 2 łyżki mieszanki awokado na każdym kawałku bagietki. Na wierzch z jednym lub dwoma kawałkami krewetki i kawałkiem grejpfruta. Posyp pistacjami na wierzchu i od razu podawaj.

44. Krewetki a la Plancha z Szafranowymi Grzankami Allioli

Wydajność: Służy 4

Składniki

Aioli

- Duża szczypta szafranu
- 2 duże żółtka
- 1 ząbek czosnku, drobno posiekany
- 2 łyżeczki soli koszernej
- 3 szklanki oliwy z oliwek z pierwszego tłoczenia, najlepiej hiszpańskiej
- 2 łyżeczki soku z cytryny plus w razie potrzeby więcej

Krewetka

- Cztery ½-calowe kromki wiejskiego chleba
- 2 łyżki oliwy z oliwek z pierwszego tłoczenia
- 1½ funta krewetki jumbo 16/20 liczenia
- Sól koszerna
- 2 cytryny, połówki
- 3 ząbki czosnku, drobno posiekane
- 1 łyżeczka świeżo zmielonego czarnego pieprzu
- 2 szklanki wytrawnej sherry
- 3 łyżki grubo posiekanej natki pietruszki

Wskazówki

a) Zrób aioli: Na małej patelni na średnim ogniu podpiecz szafran, aż stanie się kruchy, przez 15 do 30 sekund. Wyłóż go na mały talerz i zmiażdż go tyłem łyżki. Do średniej miski dodaj szafran, żółtka, czosnek i sól i energicznie ubijaj, aż dobrze się połączą. Rozpocznij dodawanie oliwy po kilka kropel na raz, dokładnie ubijając między dodawaniem, aż aioli zacznie gęstnieć, a następnie skrop pozostały olej do mieszanki bardzo powolnym i stałym strumieniem, ubijając aioli, aż stanie się gęste i kremowe.

b) Dodaj sok z cytryny, posmakuj i w razie potrzeby dopraw sokiem z cytryny i solą. Przełóż do małej miski, przykryj folią i wstaw do lodówki.

c) Zrób grzanki: Ustaw ruszt piekarnika w najwyższej pozycji, a grilla w wysokiej pozycji. Połóż kromki chleba na blasze z brzegami i posmaruj obie strony chleba 1 łyżką oleju. Podpiecz chleb na złotobrązowy kolor, około 45 sekund. Odwróć chleb i opiekaj z drugiej strony (uważnie obserwuj brojlera, ponieważ jego intensywność się zmienia), 30 do 45 sekund dłużej. Wyjmij chleb z piekarnika i każdą kromkę połóż na talerzu.

d) W dużej misce umieść krewetki. Użyj noża do obierania, aby wykonać płytkie nacięcie w zakrzywionym grzbiecie krewetki, usuwając żyłę i pozostawiając nienaruszoną skorupkę. Podgrzej dużą patelnię z grubym dnem na średnim ogniu do prawie palenia, $1\frac{1}{2}$ do 2 minut. Dodaj pozostałą 1 łyżkę oleju i krewetki. Posyp krewetki sporą szczyptą soli i sokiem z połowy cytryny i gotuj, aż krewetki zaczną się zwijać, a brzegi skorupki się zrumienią, przez 2 do 3 minut.

e) Krewetki obróć szczypcami, posyp solą i sokiem z drugiej połowy cytryny i gotuj, aż krewetki będą jasnoróżowe, około 1 minuty dłużej.

f) Zrób zagłębienie na środku patelni i wymieszaj z czosnkiem i czarnym pieprzem; gdy czosnek zacznie pachnieć, po około 30 sekundach dodać sherry, zagotować i wmieszać mieszankę czosnkowo-sherry z krewetkami. Gotuj, mieszając i zeskrobując brązowe kawałki z dna patelni do sosu. Wyłączyć ogień i wycisnąć sok z drugiej połowy cytryny. Pozostałą połowę cytryny pokroić w ósemki.

g) Wierzch każdej kromki chleba posmaruj dużą łyżką szafranowego aioli. Podziel krewetki na talerze i polej sosem każdą porcję. Posyp natką pietruszki i podawaj z ćwiartkami cytryny.

45. Krewetkowe Curry z Musztardą

Składniki:

- 1 funt krewetek
- 2 łyżki oleju
- 1 łyżeczka kurkumy
- 2 łyżki musztardy w proszku
- 1 łyżeczka soli
- 8 zielonych chilli

Wskazówki

a) Zrobić pastę z musztardy w równej ilości wody. Rozgrzej olej na nieprzywierającej patelni i smaż pastę musztardową i krewetki przez co najmniej pięć minut i dodaj 2 szklanki letniej wody.
b) Doprowadź do wrzenia i dodaj kurkumę oraz sól i zielone papryczki chilli. Gotuj na średnim ogniu przez kolejne dwadzieścia pięć minut.

46. curry z krewetkami

Składniki:

- 1 funt krewetek, obranych i pozbawionych mięsa
- 1 cebula przetarta
- 1 łyżeczka pasty imbirowej
- 1 łyżeczka pasty czosnkowej
- 1 pomidor, puree
- 1 łyżeczka kurkumy w proszku
- 1 łyżeczka chili w proszku
- 1 łyżeczka kminku w proszku
- 1 łyżeczka sproszkowanej kolendry
- 1 łyżeczka soli lub do smaku
- 1 łyżeczka soku z cytryny
- Liście kolendry/kolendry
- 1 łyżka oleju

Wskazówki

a) Rozgrzej olej na patelni z powłoką zapobiegającą przywieraniu i smaż cebulę, pomidor, imbir i czosnek razem z kminkiem i kolendrą w proszku oraz liśćmi kolendry/kolendry przez pięć minut na średnim ogniu.

b) Dodaj krewetki, kurkumę i chili w proszku i sól razem z pół szklanki letniej wody i gotuj na średnim ogniu przez dwadzieścia pięć minut. Trzymaj patelnię przykrytą pokrywką. Dobrze wymieszaj, aby krewetki zmieszały się z przyprawami. Dopraw sokiem z cytryny, przed podaniem udekoruj kolendrą/kolendrą.

47. Krewetki w Sosie Czosnkowym

Składniki
- 12 ząbków czosnku, grubo posiekanych
- 1 szklanka oleju roślinnego
- 1/4 szklanki (1/2 patyczka) niesolonego masła
- 1 1/2 funta świeżych krewetek, obranych, pozbawionych żyłek i pokrojonych w motyle (pozostawić nienaruszone ogony)

Wskazówki

a) Na dużej patelni podsmaż czosnek na średnio rozgrzanym oleju (około 300 stopni F) na jasnobrązowy. Obserwuj uważnie, aby się nie poparzyć. Po około 6-8 minutach szybko ubij masło i natychmiast wyjmij z ognia. Po dodaniu całego masła kawałki staną się chrupiące. Wyjmij je łyżką cedzakową i zachowaj olej i masło do podsmażenia krewetek.

b) Na dużej patelni podgrzej około 2 do 3 łyżek zarezerwowanego oleju, a następnie podsmaż krewetki przez około 5 minut. Odwróć bardzo krótko, a następnie wyjmij. W razie potrzeby dodaj więcej oleju, aby podsmażyć wszystkie krewetki. Sól dla smaku. Udekoruj kawałkami czosnku i pietruszką. Podawać z ryżem meksykańskim.

c) Spróbuj posmarować chleb francuski olejem czosnkowym, a następnie posyp go natką pietruszki i podpiecz.

d) Podawaj z krewetkami i połącz z sałatą i sałatką z pomidorów.

48. Krewetki w Sosie Musztardowym

Składniki

- 1 funt dużej krewetki
- 2 łyżki oleju roślinnego
- 1 szalotka, mielona
- 3 łyżki wytrawnego białego wina
- 1/2 szklanki śmietany kremówki lub bitej śmietany
- 1 łyżka musztardy Dijon z nasionami
- Sól dla smaku

Wskazówki

a) Krewetki muszlowe i devein. Na 10-calowej patelni na średnim ogniu smaż szalotkę na gorącym oleju przez 5 minut, często mieszając. Zwiększ ogień do średnio-wysokiej. Dodaj krewetki. Gotuj 5 minut lub do momentu, gdy krewetki staną się różowe, często mieszając. Wyjmij krewetki do miski. Dodaj wino do nalewki na patelni.

b) Gotuj na średnim ogniu przez 2 minuty. Dodaj śmietanę i musztardę. Gotuj przez 2 minuty. Zwróć krewetki na patelnię. Mieszaj, aż się podgrzeje. Sól dla smaku.

c) Podawaj na gorącym, ugotowanym ryżu.

d) Obsługuje 4.

49. Gazpacho

Składniki

- 2 ząbki czosnku
- 1/2 czerwonej cebuli
- 5 pomidorów Roma
- 2 łodygi selera
- 1 duży ogórek
- 1 cukinia
- 1/4 szklanki oliwy z oliwek z pierwszego tłoczenia
- 2 łyżki octu z czerwonego wina
- 2 łyżki cukru Kilka kropel ostrego sosu Sól kuchenna
- Czarny pieprz
- 4 szklanki dobrej jakości soku pomidorowego
- 1 funt krewetek, obrane i pokrojone w plasterki awokado, do podania
- 2 jajka na twardo, drobno posiekane Świeże liście kolendry, do podania Chrupiący chleb, do podania

Wskazówki

a) Czosnek posiekać, cebulę pokroić w plastry, pomidory, seler, ogórek i cukinię pokroić w kostkę. Wrzuć cały czosnek, całą cebulę, połowę pozostałych pokrojonych w kostkę warzyw i olej do miski robota kuchennego lub, jeśli chcesz, blendera.

b) Wlać ocet i dodać cukier, ostry sos, sól i pieprz. Na koniec wlej 2 szklanki soku pomidorowego i dobrze wymieszaj. Zasadniczo będziesz mieć bazę pomidorową z pięknym konfetti z warzyw.

c) Zmiksowaną mieszankę przelej do dużej miski i dodaj drugą połowę pokrojonych w kostkę warzyw. Wymieszaj to razem. Następnie dodaj pozostałe 2 szklanki soku pomidorowego. Daj mu posmakować i upewnij się, że przyprawa jest odpowiednia. Dostosuj w razie potrzeby. Jeśli to możliwe, przechowuj w lodówce przez godzinę.

d) Grilluj lub podsmaż krewetki, aż staną się nieprzezroczyste. Odłożyć na bok. Zupę wlej do miseczek, dodaj grillowane krewetki i udekoruj plastrami awokado, jajkiem i liśćmi kolendry. Podawaj z chrupiącym pieczywem.

50. Krewetka Krewetka Alfredo

Składniki
- 1 opakowanie (12 uncji) makaronu linguine
- 1/4 szklanki masła, stopionego
- 4 łyżki pokrojonej w kostkę cebuli
- 4 łyżeczki mielonego czosnku
- 40 małych krewetek, obranych i pozbawionych żyłki
- 1 szklanka pół i pół
- 2 łyżeczki mielonego czarnego pieprzu
- 6 łyżek startego parmezanu
- 4 gałązki świeżej pietruszki
- 4 plasterki cytryny do dekoracji

Wskazówki
a) Makaron gotujemy w dużym garnku z wrzącą wodą do al dente; odpływ. W międzyczasie rozpuść masło w dużym rondlu. Smaż cebulę i czosnek na średnim ogniu do miękkości. Dodaj krewetki; smaż na dużym ogniu przez 1 minutę, ciągle mieszając. Dodaj pół na pół.
b) Gotuj ciągle mieszając, aż sos zgęstnieje. Włóż makaron do naczynia do serwowania i przykryj sosem krewetkowym. Posyp czarnym pieprzem i parmezanem.
c) Udekoruj natką pietruszki i plasterkami cytryny.

51. Krewetki Marinara

Składniki
- 1 (16 uncji) puszka pomidorów, pokrojonych
- 2 łyżki mielonej pietruszki
- 1 ząbek czosnku, posiekany
- 1/2 łyżeczki suszonej bazylii
- 1 łyżeczka soli
- 1/4 łyżeczki pieprzu
- 1 łyżeczka suszonego oregano
- 1 (6 uncji) puszka koncentratu pomidorowego
- 1/2 łyżeczki przyprawionej soli
- 1 funt gotowanych krewetek bez skorupek
- Tarty parmezan
- Gotowane spaghetti

Wskazówki
a) W garnku wymieszać pomidory z pietruszką, czosnkiem, bazylią, solą, pieprzem, oregano, koncentratem pomidorowym i przyprawioną solą. Przykryj i gotuj na małym ogniu przez 6 do 7 godzin.
b) Ustaw kontrolę na wysoką, wmieszaj krewetki, przykryj i gotuj na wysokich obrotach jeszcze przez 10 do 15 minut. Podawaj na ugotowanym spaghetti.
c) Top z parmezanem.

52. Krewetki Newburg

Składniki
- 1-funtowa krewetka, gotowana, obtoczona
- 4 uncje puszki grzybów
- 3 jajka na twardo, obrane i pokrojone
- 1/2 szklanki parmezanu
- 4 łyżki masła
- 1/2 cebuli posiekanej
- 1 ząbek czosnku, posiekany
- 6 łyżek mąki
- 3 szklanki mleka
- 4 łyżki suszonej sherry
- sos Worcestershire
- Sól i pieprz
- sos tabasco

Wskazówki
a) Rozgrzej piekarnik do 375 stopni F.
b) Roztop masło, a następnie podsmaż cebulę i czosnek do miękkości. Dodaj mąkę. Dobrze wymieszaj. Stopniowo dodawać mleko, cały czas mieszając. Gotuj, aż sos zgęstnieje. Dodaj sherry i przyprawy do smaku.
c) W osobnej misce wymieszać krewetki, pieczarki, jajka i pietruszkę. Dodaj sos wraz z 1/4 szklanki sera do mieszanki krewetkowej. Dobrze wymieszaj.
d) Wlej mieszaninę do 2-litrowego naczynia żaroodpornego i posyp pozostałym serem. Doprawić masłem.
e) Piec 10 minut, aż wierzch lekko się zarumieni.

53. Pikantna Marynowana Krewetka

Składniki

- 2 funty. Krewetki duże, obrane i pozbawione żyłki
- 1 łyżeczka soli
- 1 cytryna, przekrojona na pół
- 8 filiżanek wody
- 1 szklanka octu z białego wina lub octu estragonowego
- 1 szklanka oliwy z oliwek
- 1-2 chili Serrano (mniej więcej, w zależności od smaku), usunięte nasiona i żyłki, drobno zmielone
- $\frac{1}{4}$ szklanki świeżej kolendry, posiekanej
- 2 duże ząbki czosnku, zmielone lub przetrzeć przez praskę czosnkową
- 2 łyżeczki świeżej kolendry, posiekanej (w razie potrzeby)
- 3 zielone cebule (tylko biała część), posiekane
- Świeżo zmielony czarny pieprz do smaku

Wskazówki

a) Połącz wodę, sól i połówki cytryny w holenderskim piekarniku i zagotuj. Dodaj krewetki, wymieszaj i delikatnie gotuj przez 4-5 minut. Zdjąć z ognia i odcedzić.

b) Połącz ocet, oliwę z oliwek, papryczki chili, kolendrę i czosnek w dużej plastikowej torbie z zamkiem błyskawicznym lub innym plastikowym pojemniku. Dodaj ugotowane krewetki i wstaw do lodówki na 12 godzin lub na noc, kilkakrotnie obracając.

c) Aby podać, odcedź krew z krewetek. W dużej misce połącz schłodzone krewetki z dodatkową kolendrą, zieloną cebulką i czarnym pieprzem i dobrze wymieszaj. Ułóż w naczyniu do serwowania i podawaj od razu.

54. Pikantne Krewetki Singapurskie

Składniki
- 2 funty dużych krewetek
- 2 łyżki ketchupu
- 3 łyżki Sriracha
- 2 łyżki soku z cytryny
- 2 łyżki sosu sojowego
- 1 łyżka cukru
- 2 średnie jalapeño, posiekane i posiekane
- biała bulwa z 1 łodyżki trawy cytrynowej, zmielona
- 1 łyżka świeżego imbiru, posiekanego
- 4 szalotki, pokrojone w cienkie plasterki
- 1/4 szklanki posiekanej kolendry

Wskazówki

a) Połącz ketchup, ocet (jeśli używasz), sos chili, sok z cytryny, sos sojowy i cukier.

b) Na dużej patelni podgrzej trochę oleju roślinnego i ugotuj krewetki na dużym ogniu. Kiedy zaczną robić się różowe, odwróć je.

c) Dodaj trochę więcej oleju i jalapeño, czosnek, trawę cytrynową i imbir. Mieszaj często, aż mieszanina zostanie podgrzana. Uwaga: pachnie pysznie. Staraj się nie tracić skupienia.

d) Smaż szalotki i mieszankę ketchupu na patelni przez 30 sekund, a następnie wymieszaj z posiekaną kolendrą. Krewetki podawaj z ryżem.

55. Krewetki Starlight

Składniki

- 6 szklanek wody
- 2 łyżki soli
- 1 cytryna, przekrojona na pół
- 1 seler naciowy, pokrojony na 3 calowe kawałki
- 2 liście laurowe
- Odrobina pieprzu cayenne
- 1/4 szklanki pietruszki, mielonej
- 1 opakowanie langusty/kraba/krewetki gotować
- 2 funty. nieobrane krewetki świeżo trolowane w Mobile Bay
- 1 pojemnik sosu koktajlowego

Wskazówki

a) Pokrój główki krewetek.
b) Połącz pierwsze 8 składników w dużym garnku lub piekarniku holenderskim. Doprowadzić do wrzenia. Dodaj krewetki w skorupkach i gotuj około 5 minut, aż staną się różowe. Odcedź dobrze zimną wodą i chłodem.
c) Krewetki obieramy i devein, a następnie przechowujemy w schłodzonej lodówce.

OŚMIORNICA

56. Ośmiornica w czerwonym winie

Składniki

- 1 kg (2,25 funta) młodej ośmiornicy
- 8 łyżek oliwy z oliwek
- 350 g (12 uncji) małej cebuli lub szalotki 150 ml (0,25 litra) czerwonego wina 6 łyżek octu z czerwonego wina
- 225 g (8 uncji) pomidorów z puszki, grubo posiekanych 2 łyżki przecieru pomidorowego
- 4 liście laurowe
- 2 łyżeczki suszonego oregano
- czarny pieprz
- 2Łyżki posiekanej natki pietruszki

Wskazówki

a) Najpierw wyczyść ośmiornicę. Oderwij macki, wyjmij i wyrzuć jelita oraz worek z tuszem, oczy i dziób. Oskóruj ośmiornicę i umyj ją i dokładnie wyszoruj, aby usunąć wszelkie ślady piasku. Pokrój go na kawałki 4-5 cm (1,5-2 cale) i włóż do rondla na średnim ogniu, aby uwolnił płyn. Mieszaj ośmiornicę, aż płyn wyparuje. Wlej olej i wymieszaj ośmiornicę, aby uszczelnić ją ze wszystkich stron. Dodaj całą cebulę i gotuj, mieszając raz lub dwa razy, aż lekko się zarumienią.

b) Dodać wino, ocet, pomidory, przecier pomidorowy, liście laurowe, oregano i kilka mielonych pieprzu. Dobrze wymieszaj, przykryj patelnię i gotuj bardzo delikatnie przez 1-1,25 godz., sprawdzając od czasu do czasu, czy sos nie wysechł. Jeśli tak – a stanie się to tylko przy zbyt dużym upale – dodaj trochę więcej wina lub wody. Ośmiornica jest gotowana, gdy można ją łatwo przekłuć szpikulcem.

c) Sos powinien być gęsty, jak płynna pasta. Jeśli któryś płyn oddzieli się, zdejmij pokrywkę z patelni, lekko zwiększ ogień i mieszaj, aż część płynu odparuje, a sos zgęstnieje. Wyrzuć liście laurowe i dodaj pietruszkę. Skosztuj sosu i w razie potrzeby dostosuj przyprawy. Podawać z ryżem i surówką. Niezbędnym elementem Greków jest wiejski chleb do wycierania sosu.

DLA 4-6

57. Marynowana ośmiornica

Składniki

- 1 kg (2,25 funta) młodej ośmiornicy
- około 150 ml (0,25 litra) oliwy z oliwek
- około 150 ml (0,25 litra) octu z czerwonego wina 4 ząbki czosnku
- sól i czarny pieprz 4-6 łodyżek tymianku lub 1 łyżeczka suszonego tymianku ćwiartki cytryny do podania

Wskazówki

a) Przygotuj i umyj ośmiornicę (jak w Ośmiornicy w czerwonym winie). Włóż głowę i macki do garnka z 6-8 łyżkami wody, przykryj i gotuj na wolnym ogniu przez 1-1,25 godziny, aż będzie miękka. Przetestuj to za pomocą szpikulca. Odcedź pozostały płyn i odstaw do ostygnięcia.

b) Pokrój mięso na paski 12 mm (0,5 cala) i zapakuj je luźno do słoika z zakrętką. Wymieszaj tyle oleju i octu, aby napełnić słoik - dokładna ilość będzie zależeć od względnej objętości owoców morza i pojemnika - wymieszaj czosnek i dopraw solą i pieprzem. Jeśli używasz suszonego tymianku, na tym etapie wymieszaj go z płynem. Zalej nim ośmiornicę, upewniając się, że każdy ostatni kawałek jest całkowicie zanurzony. Jeśli używasz łodyg tymianku, wrzuć je do słoika.

c) Przykryj słoik i odstaw go na co najmniej 4-5 dni przed użyciem.

d) Przed podaniem odsącz ośmiornicę i podawaj na małych pojedynczych talerzykach lub spodkach z ćwiartkami cytryny.

e) Kostki co najmniej jednodniowego chleba, nadziane na patyczki koktajlowe, to zwykły dodatek.

SŁUŻBY 8

58. Ośmiornica gotowana w winie

Składniki

- 1 3/4 funta ośmiornicy (rozmrożonej)
- 4 łyżki. Oliwa z oliwek
- 2 duże cebule pokrojone w plasterki
- sól i pieprz
- 1 liść laurowy
- 1/4 szklanki wytrawnego białego wina

Wskazówki

a) Usuń część głowy z ośmiornicy. Czysty. Umyj ramiona.

b) Pokrój ośmiornicę na kawałki wielkości kęsa.

c) Smaż na oliwie z oliwek na średnim ogniu około 10 minut, regularnie obracając.

d) Dodaj cebulę, przyprawy i wino. Przykryj i gotuj na wolnym ogniu, aż ośmiornica będzie miękka, około 15 minut.

Służy 4

59. Sycylijska grillowana ośmiornica?

NA 4 PORCJE

Składniki

- 2,5 funta oczyszczonej i zamrożonej ośmiornicy
- 2 kubki pełnego czerwonego wina, takiego jak
- Pinot Noir lub Cabernet Sauvignon
- 1 mała cebula, pokrojona w plastry
- 1 łyżeczka czarnego pieprzu
- łyżeczka całych goździków
- 1 liść laurowy
- 1 szklanka sycylijskiej marynaty cytrusowej
- $\frac{3}{4}$ kubki bez pestek i grubo posiekanych zielonych oliwek sycylijskich lub cerignola
- 3 uncje młodych liści rukoli
- 1 łyżka posiekanej świeżej mięty
- Gruba sól morska i świeżo zmielony czarny pieprz

Wskazówki

a) Opłucz ośmiornicę, a następnie włóż do garnka z winem i wystarczającą ilością wody, aby ją zakryć. Dodaj cebulę, ziarna pieprzu, goździki i liść laurowy. Doprowadź do wrzenia na dużym ogniu, a następnie zmniejsz ogień do średniego, przykryj i delikatnie gotuj na wolnym ogniu, aż ośmiornica będzie wystarczająco miękka, aby nóż mógł łatwo wejść, 45 minut do 1 godziny. Odcedź ośmiornicę i wylej płyn lub odcedź i zachowaj rezerwę na bulion z owocami morza lub risotto. Kiedy ośmiornica jest wystarczająco chłodna, aby sobie z nią poradzić, odetnij macki na głowie.

b) Połącz ośmiornicę i marynatę w 1-galonowej torebce z zamkiem błyskawicznym. Wyciśnij powietrze, zamknij torebkę i wstaw do lodówki na 2-3 godziny. Rozpal grill na bezpośrednie średnio-wysokie ciepło, około 450¼F.

c) Wyjąć ośmiornicę z marynaty, osuszyć i pozostawić w temperaturze pokojowej na 20 minut. Przelej marynatę do rondla i gotuj na średnim ogniu. Dodaj oliwki i zdejmij z ognia.

d) Posmaruj ruszt grillowy i posmaruj olejem. Grilluj ośmiornicę bezpośrednio na ogniu, aż ładnie się zarumieni, 3 do 4 minut z każdej strony, delikatnie naciskając ośmiornicę, aby dobrze się przypiekała. Rukolę ułożyć na półmisku lub talerzach i położyć na wierzchu ośmiornicą. Na każdą porcję nałóż łyżkę ciepłego sosu, w tym sporą ilość oliwek. Posyp miętą, solą i czarnym pieprzem.

Przegrzebki

60. Ciasto z owocami morza

Składniki
- 1/2 szklanki wytrawnego białego wina
- 1 funt przegrzebków morskich, pokrojonych na pół, jeśli są bardzo duże
- 1 duży ziemniak do pieczenia, obrany i pokrojony w 1/2-calową kostkę
- 3 łyżki masła, zmiękczonego
- 1/2 szklanki obranego i zmielonego tartego jabłka
- 1 duża marchewka, posiekana
- 1 żebro z selera, mielone
- 1 duża cebula, posiekana
- 1 ząbek czosnku, posiekany
- 1 1/2 szklanki bulionu z kurczaka
- 1/4 szklanki ciężkiej śmietany
- 2 łyżki mąki uniwersalnej
- 3/4 łyżeczki soli
- 1/2 łyżeczki świeżo zmielonego białego pieprzu Szczypta pieprzu cayenne
- 1 funt średnich krewetek, łuskanych i pozbawionych żyłki
- 1 szklanka ziaren kukurydzy
- 1 mały słoik (3 1/2 uncji) pasków pimiento
- 2 łyżki mielonej natki pietruszki
- Ciasto kruche

Wskazówki
a) W średnim niereaktywnym rondlu zagotuj wino na dużym ogniu. Dodaj

przegrzebki i smaż przez około 1 minutę, aż staną się matowe. Odcedź przegrzebki, zachowując płyn. W innym średnim rondlu z wrzącą osoloną wodą gotuj ziemniaki do miękkości, 6 do 8 minut; odcedzić i odstawić.

b) Rozgrzej piekarnik do 425F. W dużym rondlu roztop 2 łyżki masła na umiarkowanie dużym ogniu. Dodaj jabłko, marchew, seler i cebulę i gotuj, aż masa zmięknie i zacznie się brązowieć, około 6 minut. Dodaj czosnek i smaż jeszcze 1 minutę. Wlej bulion z kurczaka i zwiększ ogień. Gotuj, aż większość płynu wyparuje, około 5 minut.

c) Przenieś mieszankę jabłkowo-warzywną do robota kuchennego. Puree do uzyskania gładkości. Wróć do rondla i wymieszaj z zarezerwowanym płynem z przegrzebków i gęstą śmietaną.

d) W małej misce wymieszaj mąkę z pozostałą 1 łyżką masła, aby powstała pasta. Zagotuj śmietankę z przegrzebków na umiarkowanym ogniu. Stopniowo ubijaj pastę maślaną. Doprowadzić do wrzenia, ubijając aż

61. Zapiekane Przegrzebki z Sosem Czosnkowym

Składniki
- 1 1/2 funta przegrzebków laurowych, pokrojonych na połówki
- 3 ząbki czosnku, puree
- 1/4 szklanki (1/2 laski) roztopionej margaryny
- 10 twardych białych pieczarek, pokrojonych w plastry
- Lekka odrobina soli cebulowej
- Odrobina świeżo startej papryki
- 1/3 szklanki sezonowanej bułki tartej
- 1 łyżeczka drobno zmielonej świeżej pietruszki

Wskazówki

a) Przetrzyj przegrzebki wilgotnym ręcznikiem papierowym. Zetrzyj ząbki czosnku i dodaj do margaryny; dobrze wymieszać, aby zmiksować. Trzymaj się ciepło. Wlej trochę roztopionego sosu czosnkowego na dno naczynia do pieczenia; dodaj pieczarki i dopraw.

b) Umieść przegrzebki na wierzchu grzybów. Zarezerwuj 1 łyżkę sosu czosnkowego, a resztę skrop przegrzebkami.

c) Posyp bułką tartą, pietruszką i zarezerwowanym sosem czosnkowym. Piecz w rozgrzanym piekarniku o temperaturze 375 stopni F, aż wierzch będzie ładnie zarumieniony i gorący.

62. Przegrzebki Prowansalskie

Składniki

- 2 łyżeczki oliwy z oliwek
- 1 funt przegrzebków morskich
- 1/2 szklanki cebuli pokrojonej w cienkie plasterki, podzielonej na krążki 1 ząbek czosnku, posiekany
- 1 szklanka pokrojonych w kostkę pomidorów zwykłych lub śliwkowych
- 1/4 szklanki posiekanych dojrzałych oliwek
- 1 łyżka suszonej bazylii
- 1/4 łyżeczki suszonego tymianku
- 1/8 łyżeczki soli
- 1/8 łyżeczki świeżo mielonego pieprzu

Wskazówki

a) Rozgrzej oliwę z oliwek na dużej nieprzywierającej patelni na średnim ogniu. Dodaj przegrzebki i podsmażaj przez 4 minuty lub do końca.

b) Usuń przegrzebki z patelni łyżką cedzakową; odłóż na bok i trzymaj się ciepło.

c) Dodaj krążki cebuli i czosnek na patelnię i smaż przez 1-2 minuty. Dodaj pomidora i pozostałe składniki i smaż przez 2 minuty lub do miękkości.

Łyżka sosu na przegrzebki

63. Przegrzebki w Sosie z Białego Masła

Składniki

- 750g (1=lb.) przegrzebków
- 1 szklanki białego wina
- 90g (3 uncje) groszku śnieżnego lub cienko pokrojonej zielonej fasoli
- kilka szczypiorków do przybrania
- sól i świeżo zmielony pieprz
- trochę soku z cytryny
- 1 łyżka posiekanej zielonej cebuli 125g (4 uncje)
- masło pokrojone na kawałki

Wskazówki

a) Usuń brody z przegrzebków, a następnie umyj. Ostrożnie usuń ikrę i połóż na ręcznikach papierowych do wyschnięcia. Dopraw solą i pieprzem.

b) Gotuj przegrzebki i ikrę w winie i soku z cytryny przez ok. 2 godz. 2 minuty. Usuń i trzymaj w cieple. Wsypać groszek śnieżny do wrzącej osolonej wody na 1 min., odcedzić, to samo zrobić z fasolą, jeśli jest używana.

c) Dodaj zieloną cebulę do płynu do gotowania i zredukuj do około 1/2 szklanki. Na łagodnym ogniu dodawać po trochu masło, ubijając je do uzyskania sosu (konsystencja lejącej się śmietany).

d) Podawaj z chrupiącym chlebem, aby zmyć piękny sos.

PLAMIAK

64. Plamiak z Masłem Ziołowym

Na 4 porcje

Składniki
Masło Ziołowe:

- 1 szklanka (2 paluszki) niesolonego masła, zmiękczonego
- ½ szklanki bazylii luźno zapakowanej
- ½ szklanki natki pietruszki luzem
- ½ szalotki
- 1 mały ząbek czosnku
- ½ łyżeczki soli
- 1/8 łyżeczki pieprzu

Karmelizowane cebule:

- 1 łyżka masła
- 2 duże cebule, pokrojone w plastry
- ½ łyżeczki soli
- ¼ łyżeczki świeżo zmielonego czarnego pieprzu
- 2 łyżki świeżych liści tymianku lub 1 łyżeczka suszonego
- 2 funty plamiaka
- 3 pomidory, pokrojone w plastry

Wskazówki

a) Zrobić masło ziołowe, mieszając razem zmiękczone masło, bazylię, pietruszkę, szalotkę, czosnek, sól i pieprz.
b) Włóż masło do kawałka folii i uformuj z masła kłodę. Zawiń w folię i schłódź lub zamroź. Rozgrzej masło i olej na średniej patelni na średnim ogniu.
c) Dodaj cebulę i smaż, aż zaczną mięknąć, mieszając od czasu do czasu, około 15 minut.
d) Dodaj sól i pieprz; lekko podnieść ogień i gotować na złoty kolor, mieszając od czasu do czasu, 30 do 35 minut. Wymieszać z tymiankiem.
e) Rozgrzej piekarnik do 375°. Naoliw patelnię o wymiarach 9 x 13 cali.
f) Rozłóż cebulę na dnie patelni, a następnie połóż na cebuli plamiaka.
g) Plamiaka przykryj pokrojonymi w plasterki pomidorami.
h) Piecz, aż łupacz będzie jeszcze trochę nieprzezroczysty w środku (około 20 minut). Po wyjęciu z piekarnika będzie dalej się gotował.
i) Pokrój masło ziołowe na ćwierćcalowe medaliony, połóż je na pomidorach i podawaj.

65. Przyprawiony Cajun łupacz

Składniki
- 1 filet z łupacza
- Zwykła Mąka
- 1 łyżeczka przyprawy Cajun
- 75 g ananasa pokrojonego w kostkę
- 1 dymka
- 10g czerwonej cebuli
- 10g czerwonej papryki
- 10g oliwy z oliwek

Wskazówki

a) Do salsy ananasa pokroić w 1 cm kostkę, drobno pokroić w drobną kostkę czerwoną cebulę, 1 dymkę i prażoną i obraną ze skóry paprykę. Dodaj oliwę i ocet z czerwonego wina i pozostaw w przykrytej misce w temperaturze pokojowej na 1 godzinę.

b) Wymieszaj mąkę z przyprawą Cajun i obtocz doprawiony filet z plamiaka.

c) Podsmaż łupacza na patelni i podawaj z salsą.

66. Zupa z łupacza, pora i ziemniaków

Składniki
- 1/4 fileta z łupacza
- 25g Pokrojonego Poru
- 25g pokrojonych w kostkę ziemniaków
- 15g pokrojonej w kostkę cebuli
- 250ml kremu
- 100 ml zapasu rybnego
- Posiekana pietruszka

Wskazówki

a) Pan Usmażyć umyty i posiekany por.

b) Gdy por zmięknie dodać ziemniaka i cebulę.

c) Gdy warzywa będą ciepłe, dodaj śmietanę i bulion i zagotuj. Gotuj na wolnym ogniu i dodaj posiekanego plamiaka.

d) Gotuj przez 10 minut i dodaj posiekaną natkę pietruszki.

67. Wędzony Plamiak i Chutney Pomidorowy

Składniki:

- 3 x 175 g wędzonych filetów z plamiaka
- 30 małych gotowych kubków tartlet

Rzadko

- 325g mocnego sera Cheddar
- 75ml mleka
- 1 żółtko
- 1 całe jajko
- 1/2 łyżki musztardy w proszku
- 30g mąki pszennej
- 1/2 łyżeczki sosu Worcester, sos Tabasco
- 25g świeżej białej bułki tartej
- Przyprawa

Chutney Pomidorowy

- 15g imbiru korzeniowego
- 4 czerwone papryczki chilli
- 2kg czerwonych pomidorów
- 500g jabłek, obranych i posiekanych
- 200g sułtanek
- 400 g grubo posiekanej szalotki
- Sól
- 450g brązowego cukru
- 570 ml octu słodowego

Wskazówki

a) Dobrze dopraw plamiaka i włóż do piekarnika z odrobiną oliwy z oliwek i smaż przez około 5-6 minut.
b) Zetrzeć ser i wrzucić na patelnię z mlekiem i delikatnie podgrzać na patelni do rozpuszczenia, zdjąć z ognia i ostudzić.
c) Dodać całe jajko i żółtko, musztardę, bułkę tartą i odrobinę Worcester i Tabasco, doprawić i ostudzić.
d) Rozdrobnij plamiaka, aby usunąć wszelkie kości i umieść chutney na dnie tart, na wierzchu z płatkami rybnymi. Rozgrzej grill na wysokim ogniu i przykryj łupacza kęsem krwistym i umieść pod grillem, aż na wierzchu będzie złoty kolor.
e) Wyjmij plamiaka z grilla i podawaj od razu.

ŁOSOŚ

68. Magiczny pieczony łosoś

(przygotowuje 1 porcję)

Składniki

- 1 filet z łososia
- 2 łyżeczki Salmon Magic
- Masło niesolone, roztopione

Wskazówki

a) Rozgrzej piekarnik do 450 F.
b) Delikatnie posmaruj górę i boki fileta z łososia roztopionym masłem. Lekko posmaruj małą blachę roztopionym masłem.
c) Dopraw wierzch i boki fileta z łososia Salmon Magic. Jeśli filet jest gruby, użyj trochę więcej Salmon Magic. Delikatnie dociśnij przyprawę.
d) Umieść filet na blasze i piecz, aż wierzch się zarumieni, a filet jest po prostu upieczony. Aby mieć wilgotnego, różowego łososia, nie rozgotuj. Natychmiast podawaj.

e) Czas gotowania: 4 do 6 minut.

69. Łosoś z Granatem i Quinoa

Porcje: 4 porcje

Składniki

- 4 filety z łososia, bez skóry
- ¾ szklanki soku z granatów, bez cukru (lub odmiany o niskiej zawartości cukru)
- ¼ szklanki soku pomarańczowego bez cukru
- 2 łyżki marmolady pomarańczowej/dżemu
- 2 łyżki mielonego czosnku
- Sól i pieprz do smaku
- 1 szklanka quinoa, gotowana zgodnie z opakowaniem
- Kilka gałązek kolendry

Wskazówki:

a) W średniej misce wymieszać sok z granatów, sok pomarańczowy, marmoladę pomarańczową i czosnek. Dopraw solą i pieprzem i dostosuj smak według upodobań.

b) Rozgrzej piekarnik do 400F. Nasmaruj naczynie do pieczenia zmiękczonym masłem. Połóż łososia na blasze do pieczenia, zostawiając 2,5 cm odstępu między filetami.
c) Łososia gotujemy przez 8-10 minut. Następnie ostrożnie wyjmij patelnię z piekarnika i wlej masę z granatów. Upewnij się, że wierzch łososia jest równomiernie pokryty mieszanką. Włóż łososia z powrotem do piekarnika i gotuj jeszcze przez 5 minut lub do czasu, aż będzie w pełni ugotowany, a mieszanina granatów zamieni się w złotą glazurę.
d) Gdy łosoś się gotuje, przygotuj komosę ryżową. Zagotuj 2 szklanki wody na średnim ogniu i dodaj komosę ryżową. Gotuj przez 5-8 minut lub do wchłonięcia wody. Odłóż ogień, spulchnij komosę ryżową widelcem i odłóż pokrywkę. Pozostaw resztę ciepła, aby gotować komosę ryżową jeszcze przez 5 minut.
e) Przełóż łososia w glazurze granatu do naczynia do serwowania i posyp świeżo

posiekaną kolendrą. Łososia podawaj z komosą ryżową.

70. Pieczony Łosoś i Słodkie Ziemniaki

Porcje: 4 porcje

Składniki

- 4 filety z łososia bez skóry
- 4 średniej wielkości słodkie ziemniaki, obrane i pokrojone na 1 cal grubości
- 1 szklanka różyczek brokułów
- 4 łyżki czystego miodu (lub syropu klonowego)
- 2 łyżki marmolady pomarańczowej/dżemu
- 1 1-calowa gałka świeżego imbiru, starta
- 1 łyżeczka musztardy Dijon
- 1 łyżka prażonych ziaren sezamu
- 2 łyżki masła niesolonego, roztopionego
- 2 łyżeczki oleju sezamowego
- Sól i pieprz do smaku
- Cebula dymka/szalotka, świeżo posiekana

Wskazówki:

a) Rozgrzej piekarnik do 400F. Posmaruj blachę do pieczenia roztopionym niesolonym masłem.

b) Umieść pokrojone bataty i różyczki brokułów na patelni. Lekko dopraw solą, pieprzem i łyżeczką oleju sezamowego. Upewnij się, że warzywa są lekko pokryte olejem sezamowym.
c) Piecz ziemniaki i brokuły przez 10-12 minut.
d) Gdy warzywa są jeszcze w piekarniku, przygotuj słodką glazurę. W misce dodaj miód (lub syrop klonowy), konfiturę z pomarańczy, starty imbir, olej sezamowy i musztardę.
e) Ostrożnie wyjmij blachę do pieczenia z piekarnika i rozłóż warzywa na bok, aby zrobić miejsce dla ryby.
f) Lekko dopraw łososia solą i pieprzem.
g) Filety z łososia ułożyć na środku formy do pieczenia i polać słodką glazurą na łososia i warzywa.
h) Włóż patelnię do piekarnika i gotuj jeszcze przez 8-10 minut lub do momentu, gdy łosoś zmięknie.
i) Przełóż łososia, bataty i brokuły na ładny półmisek. Udekoruj sezamem i dymką.

71. Pieczony Łosoś z Sosem z Czarnej Fasoli

Porcje: 4 porcje

Składniki

- 4 filety z łososia, bez skóry i ości szpilkowych
- 3 łyżki sosu z czarnej fasoli lub sosu z czarnej fasoli i czosnku
- ½ szklanki bulionu z kurczaka (lub bulionu warzywnego jako zdrowszego zamiennika)
- 3 łyżki mielonego czosnku
- 1 1-calowa gałka świeżego imbiru, starta
- 2 łyżki sherry lub sake (lub dowolnego wina do gotowania)
- 1 łyżka świeżo wyciśniętego soku z cytryny
- 1 łyżki sosu rybnego
- 2 łyżki brązowego cukru
- ½ łyżeczki płatków czerwonego chili
- Świeże liście kolendry, drobno posiekane
- Dymka jako przybranie

Wskazówki:

a) Posmaruj dużą blachę do pieczenia lub wyłóż ją papierem do pieczenia. Rozgrzej piekarnik do 350F.
b) Połącz bulion z kurczaka i sos z czarnej fasoli w średniej misce. Dodaj mielony czosnek, starty imbir, sherry, sok z cytryny, sos rybny, brązowy cukier i płatki chili. Dokładnie wymieszaj, aż brązowy cukier całkowicie się rozpuści.
c) Polej filety łososiem sosem z czarnej fasoli i pozwól łososiowi całkowicie wchłonąć mieszankę z czarnej fasoli przez co najmniej 15 minut.
d) Przełóż łososia do formy do pieczenia. Gotuj przez 15-20 minut. Upewnij się, że łosoś nie wyschnie w piekarniku.
e) Podawać z posiekaną kolendrą i szczypiorkiem.

72. Papryka Łosoś Grillowany ze Szpinakiem

Porcje: 6 porcji

Składniki

- 6 różowych filetów z łososia o grubości 1 cala
- ¼ szklanki świeżo wyciśniętego soku pomarańczowego
- 3 łyżeczki suszonego tymianku
- 3 łyżki oliwy z oliwek z pierwszego tłoczenia
- 3 łyżeczki słodkiej papryki w proszku
- 1 łyżeczka cynamonu w proszku
- 1 łyżka brązowego cukru
- 3 szklanki liści szpinaku
- Sól i pieprz do smaku

Wskazówki:

a) Lekko posmaruj oliwą z każdej strony filety z łososia, a następnie dopraw papryką w proszku, solą i pieprzem. Odstawić na 30 minut w temperaturze pokojowej. Pozwalając łososiowi na wchłonięcie nacieranej papryki.

b) W małej misce wymieszaj sok pomarańczowy, suszony tymianek, cynamon w proszku i brązowy cukier.

c) Rozgrzej piekarnik do 400F. Łososia przełożyć na blachę wyłożoną folią. Wlej marynatę do łososia. Łososia gotujemy przez 15-20 minut.

d) Na dużej patelni dodaj łyżeczkę oliwy z oliwek z pierwszego tłoczenia i smaż szpinak przez około kilka minut lub do zwiędnięcia.

e) Pieczonego łososia podawać ze szpinakiem na boku.

73. Łosoś Teriyaki z Warzywami

Porcje: 4 porcje

Składniki

- 4 filety z łososia, bez skóry i ości szpilkowych
- 1 duży słodki ziemniak (lub po prostu ziemniak), pokrojony na kawałki wielkości kęsa
- 1 duża marchewka, pokrojona na kawałki wielkości kęsa
- 1 duża biała cebula, pokrojona w ósemki
- 3 duże papryki (zielona, czerwona i żółta), posiekane
- 2 szklanki różyczek brokułów (można zastąpić szparagami)
- 2 łyżki oliwy z oliwek z pierwszego tłoczenia
- Sól i pieprz do smaku
- Dymka, drobno posiekana
- Sos Teriyaki
- 1 szklanka wody
- 3 łyżki sosu sojowego
- 1 Łyżki czosnku, posiekanego
- 3 łyżki brązowego cukru

- 2 łyżki czystego miodu
- 2 łyżki skrobi kukurydzianej (rozpuszczonej w 3 łyżkach wody)
- ½ łyżki prażonych nasion sezamu

Wskazówki:

a) Na małej patelni wymieszaj sos sojowy, imbir, czosnek, cukier, miód i wodę na małym ogniu. Mieszaj ciągle, aż mieszanina powoli się zagotuje. Dodaj wodę ze skrobi kukurydzianej i poczekaj, aż mieszanina zgęstnieje. Dodaj nasiona sezamu i odstaw na bok.

b) Posmaruj duże naczynie do pieczenia niesolonym masłem lub sprayem do gotowania. Rozgrzej piekarnik do 400F.

c) W dużej misce wrzuć wszystkie warzywa i skrop oliwą z oliwek. Dobrze wymieszaj, aż warzywa zostaną dobrze pokryte olejem. Doprawić świeżo popękanym pieprzem i odrobiną soli. Przełóż warzywa do naczynia do pieczenia. Warzywa posyp na boki i zostaw trochę miejsca na środku naczynia do pieczenia.

d) Umieść łososia na środku naczynia do pieczenia. Do warzyw i łososia wlej 2/3 sosu teriyaki.
e) Piecz łososia przez 15-20 minut.
f) Przełóż upieczonego łososia i pieczone warzywa na przyjemny półmisek. Wlej pozostały sos teriyaki i udekoruj posiekaną dymką.

74. Łosoś Azjatycki z Makaronem

Porcje: 4 porcje

Składniki

Łosoś

- 4 filety z łososia bez skóry
- 2 łyżki prażonego oleju sezamowego
- 2 łyżki czystego miodu
- 3 łyżki jasnego sosu sojowego
- 2 łyżki białego octu
- 2 łyżki mielonego czosnku
- 2 łyżki świeżego imbiru, startego
- 1 łyżeczka prażonego sezamu
- Posiekana cebula dymka do dekoracji

Makaron ryżowy

- 1 paczka azjatyckiego makaronu ryżowego

sos

- 2 łyżki sosu rybnego
- 3 łyżki świeżo wyciśniętego soku z limonki
- Płatki chili

Wskazówki:

a) W marynacie z łososia połącz olej sezamowy, sos sojowy, ocet, miód, mielony czosnek i sezam. Wlać do łososia i pozostawić do marynowania przez 10-15 minut.
b) Łososia włożyć do naczynia do pieczenia lekko wysmarowanego oliwą z oliwek. Gotuj przez 10-15 minut w 420F.
c) Gdy łosoś jest w piekarniku, ugotuj makaron ryżowy zgodnie ze wskazówkami na opakowaniu. Dobrze odcedź i przełóż do poszczególnych misek.
d) Wymieszaj sos rybny, sok z limonki i płatki chili i wlej do makaronu ryżowego.
e) Przykryj każdą miskę makaronem świeżo upieczonymi filetami z łososia. Udekoruj dymką i sezamem.

75. Gotowany Łosoś w Bulionie Pomidorowo-czosnkowym

Służy 4

Składniki

- 8 ząbków czosnku
- szalotki
- łyżeczki oliwy z oliwek extra virgin
- 5 dojrzałych pomidorów
- 1 1/2 szklanki wytrawnego białego wina
- 1 szklanka wody
- 8 gałązek tymianku 1/4 łyżeczki soli morskiej
- 1/4 łyżeczki świeżego czarnego pieprzu
- 4 Filety z łososia Copper River Sockeye z białą oliwą truflową (opcjonalnie)

Wskazówki

a) Obierz i grubo posiekaj ząbki czosnku i szalotki. W dużym naczyniu do duszenia lub patelni z pokrywką włożyć oliwę z oliwek, czosnek i szalotkę. Potnij na średnim ogniu do miękkości, około 3 minut.
b) Na patelnię włożyć pomidory, wino, wodę, tymianek, sól i pieprz i zagotować. Po

ugotowaniu zmniejsz ogień do wrzenia i przykryj.

c) Gotuj przez 25 minut, aż pomidory pękną, uwalniając soki. Drewnianą łyżką lub szpatułką zmiażdż pomidory na miazgę. Dusić bez przykrycia przez kolejne 5 minut, aż bulion trochę się zmniejszy.

d) Gdy bulion jeszcze się gotuje, włóż łososia do bulionu. Przykryj i gotuj przez 5 do 6 minut, aż ryba będzie łatwo się kruszyła. Rybę położyć na talerzu i odstawić. Umieść sitko w dużej misce i przelej pozostały bulion do sitka. Odcedź bulion, odrzucając pozostałe części stałe. Skosztuj bulionu i w razie potrzeby dodaj sól i pieprz.

e) Ziemniaki puree z masłem, a nawet ziemniaki pieczone są dobrym dodatkiem do tego posiłku. Następnie połóż na wierzchu smażone szparagi i gotowany łosoś.

f) Zalej łososia odcedzonym bulionem. Jeśli chcesz, dodaj odrobinę białej oliwy truflowej. Obsługiwać.

76. Gotowany łosoś

Składniki

- Małe filety z łososia, około 6 uncji

Wskazówki

a) Wlać około pół cala wody na małą, 5-6-calową patelnię, przykrywając ją, podgrzewając wodę, aby gotować na wolnym ogniu, a następnie włożyć filet pod przykryciem na cztery minuty.
b) Dodaj dowolną przyprawę do łososia lub do wody.
c) Po czterech minutach środek jest nieugotowany i bardzo soczysty.
d) Pozwól filetowi trochę ostygnąć i pokrój go na kawałki szerokie na półtora cala.
e) Dodaj do sałatki, w tym sałaty (wszelkiego rodzaju) dobrego pomidora, ładnego dojrzałego awokado, czerwonej cebuli, grzanek i dowolnego smacznego dressingu.

77. Gotowany Łosoś z Zielonym Ziołem Salsa

Porcje: 4 porcje

Składniki

- 3 szklanki wody
- 4 torebki zielonej herbaty
- 2 duże filety z łososia (około 350 gramów każdy)
- 4 łyżki oliwy z oliwek z pierwszego tłoczenia
- 3 łyżki świeżo wyciśniętego soku z cytryny
- 2 łyżki natki pietruszki, świeżo posiekanej
- 2 łyżki świeżo posiekanej bazylii
- 2 łyżki świeżo posiekanego oregano
- 2 łyżki szczypiorku azjatyckiego, świeżo posiekanego
- 2 łyżeczki listków tymianku
- 2 łyżeczki mielonego czosnku

Wskazówki:

a) W dużym garnku zagotuj wodę. Dodaj torebki zielonej herbaty, a następnie zdejmij z ognia.
b) Pozostaw torebki z herbatą do zaparzenia przez 3 minuty. Wyjmij torebki herbaty z dzbanka i zagotuj wodę z herbatą. Dodaj łososia i zmniejsz ogień.
c) Gotuj filety z łososia, aż staną się nieprzezroczyste w środkowej części. Smaż łososia przez 5-8 minut lub do całkowitego ugotowania.
d) Wyjmij łososia z garnka i odstaw na bok.
e) W blenderze lub robocie kuchennym wrzuć wszystkie świeżo posiekane zioła, oliwę z oliwek i sok z cytryny. Dobrze wymieszaj, aż mieszanina uformuje się w gładką pastę. Dopraw pastę solą i pieprzem. W razie potrzeby możesz dostosować przyprawy.
f) Gotowanego łososia podawać na dużym półmisku i posypać pastą ze świeżych ziół.

78. Sałatka z gotowanym łososiem na zimno

Wydajność: 2 porcje

Składniki

- 1 łyżka posiekanego selera
- 1 łyżka posiekanej marchewki
- 2 łyżki grubo posiekanej cebuli
- 2 szklanki wody
- 1 szklanka białego wina
- 1 liść laurowy
- 1½ łyżeczki soli
- 1 cytryna; przekrojony na pół
- 2 gałązki pietruszki
- 5 czarnych ziaren pieprzu
- 9-uncjowy filet z łososia pośrodku
- 4 szklanki młodego szpinaku; wyczyszczony
- 1 łyżka soku z cytryny
- 1 łyżeczka posiekanej skórki z cytryny
- 2 łyżki posiekanego świeżego koperku

- 2 łyżki posiekanej świeżej pietruszki
- ½ szklanki oliwy z oliwek
- 1½ łyżeczki posiekanej szalotki
- 1 sól; do smaku
- 1 świeżo zmielony czarny pieprz; do smaku

Wskazówki

a) Na płytkiej patelni umieścić seler, marchew, cebulę, wino, wodę, liść laurowy, sól, cytrynę, pietruszkę i pieprz. Zagotować, zmniejszyć ogień i ostrożnie włożyć kawałki łososia do gotującego się płynu, przykryć i gotować 4 minuty. W międzyczasie zrób marynatę.

b) W misce wymieszać sok z cytryny, skórkę, koperek, pietruszkę, oliwę, szalotkę, sól i pieprz. Wlej marynatę do niereaktywnej patelni lub pojemnika z płaskim dnem i tylko tyle miejsca, aby ułożyć ugotowanego łososia. Teraz wyjmij łososia z patelni i włóż go do marynaty. Ostudzić przez 1 godzinę.

c) Wrzuć szpinak do odrobiny marynaty, dopraw solą i pieprzem i podziel na dwa talerze. Za pomocą szpatułki ułóż łososia na szpinaku.

79. Gotowany łosoś z kleistym ryżem

Wydajność: 1 porcja

Składniki

- 5 filiżanek oliwy z oliwek
- 2 główki imbiru; rozbity
- 1 Głowa czosnku; rozbity
- 1 pęczek szalotek; posiekany
- 4 sztuki łososia; (6 uncji)
- 2 szklanki japońskiego ryżu; gotowane na parze
- $\frac{3}{4}$ filiżanka Mirin
- 2 szalotki; posiekany
- $\frac{1}{2}$ szklanki suszonych wiśni
- $\frac{1}{2}$ szklanki suszonych jagód
- 1 arkusz nori; pokruszony
- $\frac{1}{2}$ szklanki soku z cytryny
- $\frac{1}{2}$ szklanki bulionu rybnego
- $\frac{1}{4}$ szklanki wina lodowego
- $\frac{3}{4}$ szklanki oleju z pestek winogron

- ½ szklanki kukurydzy suszonej na powietrzu

Wskazówki

a) W rondelku podgrzej oliwę z oliwek do 160 stopni. Dodaj rozgnieciony imbir, czosnek i szalotkę. Zdejmij miksturę z ognia i pozostaw ją do zaparzenia przez 2 godziny. Napięcie.

b) Ryż ugotuj na parze, a następnie dopraw mirinem. Po schłodzeniu wymieszać posiekaną szalotkę, wysuszoną w rondlu. Doprowadź oliwę z oliwek do 160 stopni. Dodaj rozgnieciony imbir, czosnek i szalotkę. Weź jagody i wodorosty.

c) Aby zrobić sos, zagotuj sok z cytryny, wywar rybny i wino lodowe. Zdejmij z ognia i wymieszaj z olejem z pestek winogron. Dopraw solą i pieprzem.

d) Aby ugotować rybę, podgrzej olej do około 160 stopni w głębokim rondlu. Dopraw łososia solą i pieprzem i delikatnie zanurz cały kawałek ryby w oleju. Delikatnie gotuj przez około 5 minut lub do rzadkiego średniego.

e) Gdy ryba będzie się gotowała, na talerzu połóż sałatkę ryżową i skrop sosem cytrynowym. Po ugotowaniu połóż gotowaną rybę na sałatce ryżowej.

80. Cytrusowy Filet z Łososia

Obsługuje 4 osoby

Składniki

- ¾ kg świeżego fileta z łososia
- 2 łyżki miodu o smaku Manuka lub zwykłego miodu
- 1 łyżka świeżo wyciśniętego soku z limonki
- 1 łyżka świeżo wyciśniętego soku pomarańczowego
- ½ łyżki skórki z limonki
- ½ łyżki skórki pomarańczowej
- ½ szczypty soli i pieprzu
- ½ limonki w plasterkach
- ½ pomarańczy w plasterkach
- ½ garści świeżego tymianku i mikro ziół

Wskazówki

a) Użyj około 1,5 kg + świeży filet z łososia królewskiego, ze skórą, bez kości.

b) Dodać pomarańczę, limonkę, miód, sól, pieprz i skórkę – dobrze wymieszać
c) Pół godziny przed gotowaniem polać filet pędzelkiem do ciasta i płynnymi cytrusami.
d) Pomarańcze i limonki w cienkie plasterki
e) Piecz w 190 stopniach przez 30 minut, a następnie sprawdź, może wymagać kolejnych 5 minut w zależności od tego, jak wolisz łososia.
f) Wyjąć z piekarnika i posypać świeżym tymiankiem i mikro ziołami

81. Lasagne z łososiem

Obsługuje 4 osoby

Składniki

- 2/3 części Mleko do kłusownictwa
- 2/3 gramów ugotowanych arkuszy lasagne
- 2/3 szklanki świeżego koperku
- 2/3 szklanki groszku
- 2/3 szklanki parmezanu
- 2/3 Kula Mozzarelli
- sos 2/3
- 2/3 Worek Młodego Szpinaku
- 2/3 szklanki śmietanki
- 2/3 łyżeczki gałki muszkatołowej

Wskazówki

a) Najpierw przygotuj sos beszamelowo-szpinakowy i ugotuj łososia. Aby przygotować sos beszamelowy, rozpuść masło w małym rondelku. Wymieszaj mąkę i gotuj przez kilka minut do uzyskania piany, cały czas mieszając.

b) Stopniowo dodawać ciepłe mleko, cały czas ubijając, aż sos będzie gładki. Delikatnie zagotować, ciągle mieszając, aż sos zgęstnieje. Dopraw do smaku solą i pieprzem.

c) Aby zrobić sos szpinakowy, odetnij i umyj szpinak. Gdy woda nadal przylega do liści, włóż szpinak do dużego rondla, przykryj pokrywką i gotuj delikatnie, aż liście zwiędną.

d) Odcedź i wyciśnij nadmiar wody. Przełóż szpinak do blendera lub robota kuchennego, dodaj śmietanę i gałkę muszkatołową. Puls do połączenia, a następnie dopraw solą i pieprzem.

e) Rozgrzej piekarnik do 180 st. C. Nasmaruj duże naczynie do pieczenia.

Delikatnie ugotuj łososia w mleku, aż zostanie ugotowany, a następnie połam na duże kawałki. Wylej mleko.

f) Przykryj dno naczynia do pieczenia cienko 1 szklanką sosu beszamelowego.

g) Rozłóż na sosie zachodzącą na siebie warstwę płatów lasagne, a następnie rozłóż na warstwie sosu szpinakowego i równomiernie ułóż na nim połowę kawałków łososia. Posyp posiekanym koperkiem. Dodaj kolejną warstwę lasagne, a następnie dodaj warstwę sosu beszamelowego i posyp groszkiem, aby uzyskać szorstką warstwę.

h) Powtórz warstwy jeszcze raz, więc to jest lasagne, szpinak i łosoś, koper, lasagne, sos beszamelowy, a następnie groszek. Wykończ ostatnią warstwą lasagne, a następnie cienką warstwą sosu beszamelowego. Posyp tartym parmezanem i kawałkami świeżej mozzarelli.

i) Piecz lasagne przez 30 minut lub aż będzie gorąca i

82. Filety z Łososia Teriyaki

Obsługuje 4 osoby

Składniki

- 140 gramów 2 x podwójne Regal 140g Porcje świeżego łososia
- 1 szklanki cukru pudru
- 60 ml sosu sojowego
- 60 ml przyprawy mirin
- 60 ml przyprawy mirin
- 1 opakowanie ekologicznego makaronu udon

Wskazówki

a) Zamarynuj 4 x 140g kawałki świeżego łososia królewskiego, używając cukru pudru, sosu sojowego, sosu mirin, dobrze wymieszaj wszystkie 3 składniki i pozostaw na łososiu na 30 minut.

b) Zagotuj wodę i dodaj organiczny makaron udon i gotuj szybko przez 10 minut.

c) Pokrój szalotki na cienkie plasterki i odstaw na bok.

d) Porcje fileta z łososia smażyć na patelni na średnim lub dużym ogniu przez 5 minut, a następnie obracać na boki, dolewając sos.

e) Gdy makaron będzie gotowy, połóż go na talerzu, połóż na nim łososia

83. Łosoś w Chrupiącej Skórce z dressingiem kaparowym

Obsługuje 4 osoby

Składniki

- 4 świeże filety z łososia nowozelandzkiego 140g
- 200 ml oliwy premium z oliwek
- 160 ml białego octu balsamicznego
- 2 Zmiażdżony ząbek czosnku
- 4 łyżki posiekanych kaparów
- 4 łyżki posiekanej natki pietruszki
- 2 łyżki posiekanego koperku

Wskazówki

a) Filety z łososia obtoczyć w 20 ml oliwy z oliwek i doprawić solą i pieprzem.

b) Smaż na dużym ogniu na nieprzywierającej patelni przez 5 minut, obracając z góry na dół i na boki.

c) Pozostałe składniki włóż do miski i ubij, to jest Twój dressing, po ugotowaniu łososia nałóż na filet łyżką, skórą do góry.

d) Podawać z sałatką z gruszek, orzechów włoskich, halloumi i rukoli

84. Filet z Łososia z Kawiorem

Obsługuje 4 osoby

Składniki

- 1 łyżeczka soli
- 1 limonkowe kliny
- 10 obranych szalotek (cebuli)
- 2 łyżki oleju sojowego (dodatkowo do posmarowania)
- 250 gramów pomidorów koktajlowych o połowę
- 1 małe zielone chili pokrojone w cienkie plasterki
- 4 łyżki soku z limonki
- 3 łyżki sosu rybnego
- 1 łyżka cukru
- 1 garść gałązek kolendry
- 1 1/2kg świeżego fileta z łososia s/on b/out

- 1 Słoik Ikry Łososia (Kawior)
- 3/4 ogórka obranego, przekrojonego wzdłuż na pół, pozbawionego pestek i pokrojonego w cienkie plasterki

Wskazówki

a) Rozgrzej piekarnik do 200 st. C, ale pokrojony w plastry ogórek w ceramicznej misce, z solą, odstaw na 30 minut, aż się zamarynuje.

b) Włożyć szalotki do małej brytfanny, dodać olej sojowy, dobrze wymieszać i wstawić do piekarnika na 30 minut, aż będą miękkie i dobrze zrumienione.

c) Wyjąć z piekarnika i odstawić do ostygnięcia, w międzyczasie dobrze umyć solony ogórek pod dużą ilością zimnej bieżącej wody, następnie wycisnąć do sucha w garści i włożyć do miski.

d) Rozgrzej grill w piekarniku na bardzo gorący, przekrój szalotki na pół i dodaj je do ogórka.

e) Dodaj pomidory, chili, sok z limonki, sos rybny, cukier, gałązki kolendry i olej sezamowy i dobrze wymieszaj.

f) Smak – w razie potrzeby dostosuj słodycze, z cukrem i sokiem z limonki – odłóż na bok.

g) Łososia wyłożyć na posmarowany olejem papier do pieczenia, wierzch łososia posmarować olejem sojowym, doprawić solą i pieprzem, wstawić pod grill na 10 minut lub do momentu, gdy będzie już ugotowany i lekko zrumieniony.

h) Wyjąć z piekarnika, wyłożyć na półmisek, posypać mieszanką z pomidorów i ogórków oraz łyżką ikry z łososia.

i) Podawać z ćwiartkami limonki i ryżem

85. Grillowane steki z łososia anchois

Wydajność: 4 porcje

Składnik

- 4 steki z łososia
- Natka pietruszki
- Kawałki cytryny --- masło anchois-----
- 6 filetów z anchois
- 2 łyżki Mleka
- 6 łyżek masła
- 1 kropla sosu Tabasco
- Pieprz

Wskazówki

a) Rozgrzej grill na dużym ogniu. Naoliw ruszt grillowy i umieść każdy stek, aby zapewnić równomierne ciepło. Umieść mały kawałek masła anchois (podziel ćwiartkę mieszanki na cztery) na każdym steku. Grilluj przez 4 minuty.

b) Obróć steki z plastrem ryby i ułóż kolejną ćwiartkę masła wśród steków. Grilluj z drugiej strony 4 minuty. Zmniejsz ogień i gotuj przez kolejne 3 minuty, mniej, jeśli steki są cienkie.

c) Podawaj ze schludnie ułożonym masłem anchois na wierzchu każdego steku.

d) Udekoruj gałązkami pietruszki i ćwiartkami cytryny.

e) Masło anchois: Namocz wszystkie filety anchois w mleku. Rozgnieć w misce drewnianą łyżką do uzyskania kremowej konsystencji. Utrzeć wszystkie składniki razem i schłodzić.

f) Obsługuje 4.

86. Łosoś z grilla wędzonego na grillu

Wydajność: 4 porcje

Składnik

- 1 łyżeczka Tarta skórka z limonki
- ¼ szklanki soku z limonki
- 1 łyżka oleju roślinnego
- 1 łyżeczka musztardy Dijon
- 1 szczypta pieprzu
- 4 steki z łososia o grubości 1 cala (1-1/2 funta)
- ⅓ filiżanka prażone ziarno sezamu

Wskazówki

a) W płytkim naczyniu wymieszać skórkę z limonki i sok, oliwę, musztardę i pieprz; dodaj rybę, obracając się w płaszcz. Przykryj i marynuj w temperaturze pokojowej przez 30 minut, od czasu do czasu obracając.

b) Rezerwując marynatę, usuń ryby; posyp sezamem. Umieść na wysmarowanym tłuszczem grillu bezpośrednio na średnim ogniu. Dodaj namoczone zrębki.

c) Przykryj i gotuj, odwracając i podlewając w połowie marynatą, przez 16-20 minut lub do momentu, gdy ryby będą łatwo płatki podczas testowania widelcem.

87. Łosoś z grilla na węgiel drzewny i czarna fasola

Wydajność: 4 porcje

Składnik

- ½ funta czarnej fasoli; przemoczony
- 1 mała cebula; posiekany
- 1 mała marchewka
- ½ żeberka selerowego
- 2 uncje szynki; posiekany
- 2 papryczki jalapenos; łodygi i pokrojone w kostkę
- 1 ząbek czosnku
- 1 liść laurowy; związany z
- 3 gałązki tymianku
- 5 filiżanek wody
- 2 Goździki Czosnek; mielony
- ½ łyżeczki płatków ostrej papryki
- ½ cytryny; sok

- 1 cytryna; sok
- ⅓ filiżanka oliwy z oliwek
- 2 łyżki świeżej bazylii; posiekany
- 24 uncje steków z łososia

Wskazówki

a) W dużym rondlu wymieszać fasolę, cebulę, marchew, seler, szynkę, papryczki jalapenos, cały goździkowy czosnek, liść laurowy z tymiankiem i wodę. Dusić, aż fasola będzie miękka, około 2 godzin, w razie potrzeby dodając więcej wody, aby fasola była przykryta.

b) Usuń marchew, seler, zioła i czosnek i odsącz pozostały płyn. Fasolę wymieszać z mielonym czosnkiem, płatkami ostrej papryki i sokiem z ½ cytryny. Odłożyć na bok.

c) Podczas gotowania fasoli połącz sok z całej cytryny, oliwę z oliwek i liście bazylii. Zalej steki z łososia i wstaw do lodówki na 1 godzinę. Grilluj łososia na umiarkowanie wysokim ogniu przez 4-5 minut z każdej strony, podlewając co minutę odrobiną marynaty. Każdy stek podawaj z porcją fasoli.

88. Petarda grillowany łosoś alaskański

Wydajność: 4 porcje

Składnik

- 4 6 uncji steki z łososia
- ¼ szklanki oleju arachidowego
- 2 łyżki sosu sojowego
- 2 łyżki octu balsamicznego
- 2 łyżki posiekanej szalotki
- 1½ łyżeczki cukru brązowego
- 1 Ząbek czosnku, mielony
- ¾ łyżeczka startego świeżego korzenia imbiru
- ½ łyżeczki płatków Red chile lub więcej do
- Smak
- ½ łyżeczki oleju sezamowego
- ⅛ łyżeczka soli

Wskazówki

a) Włóż steki z łososia do szklanego naczynia. Wymieszaj pozostałe składniki i polej łososiem.

b) Przykryj folią i marynuj w lodówce przez 4 do 6 godzin. Podgrzej grill. Wyjmij łososia z marynaty, posmaruj grill oliwą i połóż łososia na grillu.

c) Grilluj na średnim ogniu przez 10 minut na cal grubości, mierzonej w najgrubszej części, obracając się w połowie gotowania, lub do momentu, gdy ryba po prostu rozsypie się na kawałki podczas testowania widelcem.

89. Łosoś z grilla Flash

Wydajność: 1 porcja

Składnik

- 3 uncje łososia
- 1 łyżka oliwy z oliwek
- ½ cytryny; sok z
- 1 łyżeczka szczypiorku
- 1 łyżeczka pietruszki
- 1 łyżeczka świeżego mielonego pieprzu
- 1 łyżka sosu sojowego
- 1 łyżka syropu klonowego
- 4 żółtka
- ¼ litra bulionu rybnego
- ¼ pinty Białe wino
- 125 ml Podwójna śmietana
- Szczypiorek
- Pietruszka

Wskazówki

a) Łososia pokroić w cienkie plasterki i włożyć do pojemnika z oliwą, syropem klonowym, sosem sojowym, pieprzem i sokiem z cytryny na 10-20 minut.

b) Sabayon: Ubij jajka nad bemarem. Zredukować białe wino i bulion rybny na patelni. Dodaj miksturę do białek i wymieszaj. Dodaj śmietanę, wciąż ubijając.

c) Cienkie plastry łososia ułożyć na półmisku i skropić odrobiną sabayon. Umieść pod grillem tylko na 2-3 minuty.

d) Wyjmij i podawaj od razu z posypanym szczypiorkiem i natką pietruszki.

90. Makaron z grillowanym łososiem i tuszem kałamarnicy

Wydajność: 1 porcja

Składnik

- 4200g; (7-8 uncji) kawałki fileta z łososia
- Sól i pieprz
- 20 mililitrów Olej roślinny; (3/4 uncji)
- Oliwa z oliwek do smażenia
- 3 Drobno posiekane ząbki czosnku
- 3 Drobno pokrojone pomidory
- 1 Drobno posiekana dymka
- Przyprawa
- 1 brokuł

Wskazówki

a) Makaron: możesz kupić saszetki z atramentem kałamarnicy od dobrego sprzedawcy ryb ... lub użyć swojego ulubionego makaronu

b) Rozgrzej piekarnik do 240oC/475oF/gaz mark 9.

c) Doprawić kawałki fileta z łososia solą i pieprzem. Podgrzej nieprzywierającą patelnię, a następnie dodaj olej. Włóż łososia na patelnię i obsmaż z każdej strony przez 30 sekund.

d) Przełóż rybę na blachę do pieczenia, a następnie piecz przez 6-8 minut, aż rybie będą płatki, ale nadal będą lekko różowe w środku. Odstawić na 2 minuty.

e) Przełóż rybę na ciepłe talerze i polej sosem.

f) Brokuły gotujemy z makaronem przez około 5 minut.

g) Na patelnię wlej trochę oleju, dodaj czosnek, pomidory i dymkę. Smaż na małym ogniu przez 5 minut, w ostatniej chwili dodaj brokuły.

91. Łosoś z grillowaną cebulką

NA 8 DO 10 PORCJI

Składniki

- 2 szklanki zrębków liściastych namoczonych w wodzie
- 1 duży łosoś norweski hodowlany (około 3 funty), pozbawione szpilek
- 3 szklanki solanki wędzarniczej na bazie wódki
- ¾ kubek palenia rub
- 1 łyżka suszonego koperku
- 1 łyżeczka cebuli w proszku
- 2 duże czerwone cebule, pokrojone w okrągłe krążki o grubości 2,5 cm
- ¾ szklanka oliwy z oliwek z pierwszego tłoczenia 1 pęczek świeżego koperku
- drobno starta skórka z 1 cytryny 1 ząbek czosnku, mielony
- Gruba sól i mielony czarny pieprz

Wskazówki

a) Włóż łososia do dużej (2 galonów) torby zamykanej na suwak. Jeśli masz tylko 1-

galonowe worki, przetnij rybę na pół i użyj dwóch worków. Dodaj solankę do worków, wyciśnij powietrze i zamknij. Przechowywać w lodówce przez 3 do 4 godzin.

b) Wymieszaj wszystko oprócz 1 łyżki stołowej pasty z suszonym koprem i cebulą w proszku i odstaw. Plastry cebuli namoczyć w lodowatej wodzie. Rozgrzej grill na pośrednie małe ciepło, około 225iF, z dymem. Odsącz zrębki i dodaj je do grilla.

c) Wyjmij łososia z solanki i osusz papierowym ręcznikiem. Wylej solankę. Posmaruj rybę 1 łyżką oleju i posyp mięsistą stronę tłuczkiem, w którym zaschł koperek.

d) Wyjmij cebulę z lodowatej wody i osusz. Posmaruj 1 łyżką oleju i posyp pozostałą 1 łyżką nacierania. Odstawić rybę i cebulę na 15 minut.

e) Posmaruj ruszt grilla i dobrze natrzyj olejem. Umieść łososia, miąższem do dołu, bezpośrednio na ogniu i grilluj przez 5 minut, aż powierzchnia się zarumieni. Za pomocą dużej łopatki do ryb lub dwóch zwykłych łopatek odwróć rybę skórą do dołu i umieść na ruszcie grillowym z dala od ognia. Połóż plastry cebuli bezpośrednio nad ogniem.

f) Zamknij grill i gotuj, aż łosoś będzie jędrny na zewnątrz, ale nie suchy i elastyczny w środku, około 25 minut. Po zakończeniu, wilgoć będzie przenikać przez powierzchnię, gdy ryba zostanie delikatnie przyciśnięta. Nie powinien całkowicie łuszczyć się pod naciskiem.

g) W czasie gotowania raz obróć cebulę.

92. Łosoś z deski cedrowej

Serwuje 6

Składniki

- 1 niepoddana obróbce deska cedrowa (około 14 "x 17" x 1/2")
- 1/2 szklanki sosu włoskiego
- 1/4 szklanki posiekanego słońca-suszone pomidory
- 1/4 szklanki posiekanej świeżej bazylii
- 1 (2-funt) filet z łososia (1 cal grubości), bez skóry

Wskazówki

a) Cedru całkowicie zanurzyć w wodzie, kładąc na nim ciężarek, aby był całkowicie zakryty. Moczyć co najmniej 1 godzinę.
b) Rozgrzej grill na średni-wysokiej temperatury.
c) W małej misce połącz sos, słońce-suszone pomidory i bazylia; odłożyć na bok.
d) Usuń deskę z wody. Umieść łososia na desce; umieść na grillu i zamknij pokrywkę. Grilluj 10 minut, a następnie

posmaruj łososia sosem. Zamknij pokrywkę i grilluj jeszcze 10 minut lub do momentu, gdy płatki łososia będą łatwo płatki widelcem.

93. Łosoś wędzony w czosnku

Służy 4

Składniki

- 1 1/2 funta. filet z łososia
- sól i pieprz do smaku 3 ząbki czosnku, mielone
- 1 gałązka świeżego koperku, posiekanego 5 plasterków cytryny
- 5 gałązek świeżego koperku
- 2 zielone cebule, posiekane

Wskazówki

a) Przygotuj wędzarnię do 250 ° F.
b) Spryskaj dwa duże kawałki folii aluminiowej sprayem do gotowania.
c) Umieść filet z łososia na jednym kawałku folii. Łososia posyp solą, pieprzem, czosnkiem i posiekanym koperkiem. Ułóż plasterki cytryny na filecie i połóż gałązkę koperku na każdym plasterku cytryny. Filet posyp zieloną cebulką.
d) Wędzić około 45 minut.

94. Łosoś z Grilla ze Świeżymi Brzoskwiniami

Porcje: 6 porcji

Składniki

- 6 filetów z łososia o grubości 1 cala
- 1 duża puszka pokrojone brzoskwinie, lekka odmiana syropu
- 2 łyżki białego cukru
- 2 łyżki jasnego sosu sojowego
- 2 łyżki musztardy Dijon
- 2 łyżki masła niesolonego
- 1 1-calowa gałka świeżego imbiru, starta
- 1 łyżka oliwy z oliwek odmiany extra virgin
- Sól i pieprz do smaku
- Świeżo posiekana kolendra

Wskazówki:

a) Odcedź pokrojone brzoskwinie i zachowaj około 2 łyżek lekkiego syropu. Brzoskwinie pokrój na kawałki wielkości kęsa.

b) Filety z łososia włożyć do dużego naczynia do pieczenia.

c) W średnim rondelku dodaj zarezerwowany syrop brzoskwiniowy, biały cukier, sos sojowy, musztardę Dijon, masło, oliwę z oliwek i imbir. Kontynuuj mieszanie na małym ogniu, aż mieszanina nieco zgęstnieje. Dodaj sól i pieprz według smaku.

d) Wyłącz ogień i obficie rozprowadź trochę mieszanki na filetach z łososia za pomocą pędzla do fastrygowania.

e) Dodaj pokrojone brzoskwinie do rondla i dokładnie obtocz polewą. Polać łososia glazurowanymi brzoskwiniami i równomiernie rozprowadzić.

f) Piecz łososia przez około 10-15 minut w 420F. Uważaj na łososia, aby potrawa się nie przypaliła.

g) Przed podaniem posyp świeżo posiekaną kolendrę.

95. Łosoś Wędzony i Serek na Toście

Porcje: 5 porcji

Składniki

- 8 kromek bagietki francuskiej lub chleba żytniego
- ½ szklanki serka śmietankowego, zmiękczonego
- 2 łyżki białej cebuli, pokrojonej w cienkie plasterki
- 1 szklanka wędzonego łososia, pokrojonego w plastry
- ¼ szklanki masła, odmiana niesolona
- ½ łyżeczki przyprawy włoskiej
- Liście kopru, drobno posiekane
- Sól i pieprz do smaku

Wskazówki:

a) Na małej patelni roztopić masło i stopniowo dodawać przyprawy włoskie. Rozłóż mieszankę na kromki chleba.

b) Opiekaj je przez kilka minut za pomocą tostera do chleba.

c) Rozłóż trochę serka na chlebie tostowym. Następnie posyp wędzonym łososiem i cienkimi plasterkami czerwonej cebuli. Powtarzaj proces, aż wszystkie kromki chleba tostowego zostaną wykorzystane.

d) Przełóż na półmisek i udekoruj drobno posiekanymi listkami kopru.

96. Sałatka z grillowanym łososiem imbirowym

Wydajność: 4 porcje

Składniki

- ¼ szklanki beztłuszczowego jogurtu naturalnego
- 2 łyżki drobno posiekanego świeżego imbiru
- 2 Ząbki czosnku, drobno posiekane
- 2 łyżki świeżego soku z limonki
- 1 łyżka świeżo startej skórki z limonki
- 1 łyżka miodu
- 1 łyżka oleju rzepakowego
- ½ łyżeczki soli
- ½ łyżeczki świeżo zmielonego czarnego pieprzu
- 1¼ funta Filet z łososia o grubości 1 cala, pokrojony na 4 kawałki, ze skórą, bez ości
- Sałatka z rukwi wodnej i marynowanego imbiru
- Kliny limonkowe do dekoracji

Wskazówki:

a) W małej misce wymieszaj jogurt, imbir, czosnek, sok z limonki, skórkę z limonki, miód, olej, sól i pieprz.

b) Łososia ułożyć w płytkim szklanym naczyniu i polać marynatą, obracając łososia, aby pokrył się ze wszystkich stron. Przykryj i marynuj w lodówce przez 20 do 30 minut, obracając raz lub dwa razy.

c) W międzyczasie przygotuj ogień na węgiel drzewny lub rozgrzej grill gazowy. (Nie używaj patelni grillowej; łosoś się przyklei.) 3. Używając szczotki do grillowania z długim uchwytem, posmaruj ruszt grillowy olejem.

d) Połóż łososia skórą do góry na grillu. Gotuj przez 5 minut. Używając 2 metalowych łopatek, ostrożnie odwróć kawałki łososia i smaż, aż środek będzie nieprzezroczysty, 4 do 6 minut dłużej. Za pomocą 2 łopatek wyjmij łososia z grilla. Zsuń skórę.

e) Wrzucić sałatkę z rukwi wodnej z dressingiem i podzielić na 4 talerze. Posyp kawałkiem grillowanego łososia. Udekoruj ćwiartkami limonki.
Natychmiast podawaj.

97. Łosoś z grilla z sałatką z kopru włoskiego

Wydajność: 2 porcje

Składnik

- 2 140 g filetów z łososia
- 1 cebula kopru włoskiego; drobno pokrojone
- ½ gruszki; drobno pokrojone
- Kilka kawałków orzechów włoskich
- 1 szczypta zmiażdżonych nasion kardamonu
- 1 pomarańczowy; segmentowany, sok
- 1 pęczek kolendry; posiekany
- 50 gramów Light fromage frais
- 1 Szczypta sproszkowanego cynamonu
- Sól kamienna w płatkach i pieprz czarny mielony

Wskazówki:

a) Dopraw łososia solą i pieprzem i grilluj pod grillem.

b) Wymieszać gruszkę z koprem włoskim i doprawić dużą ilością czarnego pieprzu, kardamonu i orzechów włoskich.

c) Wymieszaj sok i skórkę z pomarańczy z serem serowym i dodaj trochę cynamonu. Umieść koperek na środku talerza i zasznuruj łososia na wierzchu. Udekoruj zewnętrzną część talerza pomarańczowymi kawałkami i skrop pomarańczą serową serek.

d) Koper włoski zmniejsza toksyczne działanie alkoholu w organizmie i jest dobrym trawieniem.

98. Łosoś z grilla z ziemniakami i rukwią wodną

Wydajność: 6 porcji

Składnik

- 3 funty Małe czerwone cienkoskóre
- Ziemniaki
- 1 szklanka cienko pokrojonej czerwonej cebuli
- 1 szklanka Przyprawionego octu ryżowego
- Około 1/2 funta rzeżuchy
- Płukane i chrupiące
- 1 filet z łososia, około 2 funty.
- 1 łyżka sosu sojowego
- 1 łyżka mocno zapakowanego brązowego cukru
- 2 szklanki zrębków z drewna olchowego lub mesquite
- namoczone w wodzie
- Sól

Wskazówki:

a) W rondlu o pojemności od 5 do 6 litrów zagotuj około 2 litrów wody na dużym ogniu; dodaj ziemniaki. Przykryj i gotuj na małym ogniu, aż ziemniaki będą miękkie po przekłuciu, 15-20 minut. Odcedź i schłódź.

b) Namocz cebulę około 15 minut w zimnej wodzie, aby przykryła. Odcedź i wymieszaj cebulę z octem ryżowym. Pokrój ziemniaki na ćwiartki; dodaj do cebuli.

c) Odetnij delikatne gałązki rzeżuchy z łodyg, a następnie drobno posiekaj tyle łodyżek, aby uzyskać $\frac{1}{2}$ szklanki (odrzuć dodatki lub zachowaj do innych zastosowań). Wymieszaj posiekane łodygi na dużym owalnym półmisku z sałatką ziemniaczaną; przykryj i zachowaj spokój. Łososia opłukać i osuszyć. Ułożyć skórą do dołu na kawałku grubej folii. Wytnij folię, aby podążać za konturami ryb, pozostawiając 1-calową granicę.

d) Zaciśnij krawędzie folii, aby dopasować się do krawędzi ryby. Wymieszaj sos sojowy z brązowym cukrem i posmaruj filet z łososia.

e) Połóż rybę na środku grilla, nie nad węglem lub płomieniem. Przykryj grilla (otwórz otwory wentylacyjne na węgiel drzewny) i gotuj, aż ryba będzie ledwo nieprzezroczysta w najgrubszej części (przycięte do testu), 15 do 20 minut. Przełóż rybę na półmisek z sałatką. Dodaj sól do smaku. Podawać na ciepło lub na zimno.

MIECZNIK

99. Miecznik z sezamem mandaryńskim

Porcje: 4

Składnik

- 1/2 szklanki świeżego soku pomarańczowego
- 2 łyżki sosu sojowego
- 2 łyżeczki oleju sezamowego
- 2 łyżeczki startego świeżego imbiru
- 4 (6-uncja) steki z miecznika
- 1 (11-uncja) może mandarynki, odsączone
- 1 łyżka prażonych ziaren sezamu

Wskazówki

a) W dużej zamykanej plastikowej torbie do przechowywania połącz sok pomarańczowy, sos sojowy, olej sezamowy i imbir; dodaj rybę, zamknij torebkę i marynuj w lodówce przez 30 minut. Wyjmij rybę z marynaty, zachowując marynatę.

b) Rozgrzej grill na średni-wysokiej temperatury.

c) Umieść rybę na posmarowanej olejem ruszcie grillowym. Grilluj ryby od 6 do 7 minut z każdej strony lub do momentu, gdy będą się łatwo kruszyły widelcem.

d) W międzyczasie włóż zarezerwowaną marynatę do rondla i zagotuj na dużym

ogniu. Gotuj, aż zgęstnieje i zgęstnieje. Dodaj mandarynki i polej miecznikiem.
e) Posyp sezamem i podawaj.

100. Pikantne steki z miecznika

Składnik

- 4 (4 uncje) steki z miecznika
- 1/4 łyżeczki cayenne, tymianku i oregano
- 2 łyżki papryki
- 2 łyżki margaryny lub masła (roztopionego)
- 1/2 łyżeczki Sól, pieprz, cebula, czosnek w proszku

Wskazówki

a) Jako przystawkę pokrój steki z miecznika na małe paski. Do posiłku zostaw steki z miecznika w całości. Wymieszaj wszystkie pory roku. Zanurz rybę w roztopionym maśle. Pokryj obie strony przyprawami. Umieść na grillu.

b) Gotuj około 4 minut; odwrócić i gotować jeszcze około 4 minuty lub do momentu, gdy ryba będzie jędrna i łuszcząca się. Na 4 porcje.

WNIOSEK

Owoce morza są jednym z produktów spożywczych o dużym obrocie, które dostarczają niezbędnej lokalnej żywności i mają znaczący udział w gospodarce wielu krajów. Ryby i skorupiaki to dwie główne klasy ryb, które obejmują białą rybę, ryby bogate w olej, mięczaki i skorupiaki.

Owoce morza są uważane za doskonałe źródło różnych składników odżywczych, takich jak białka, zdrowe tłuszcze (wielonienasycone kwasy tłuszczowe, zwłaszcza omega-3 i omega-6), jod, witamina D, wapń itp., a związki te mają działanie zapobiegawcze w przypadku wielu chorób serca i zaburzenia autoimmunologiczne.

www.ingramcontent.com/pod-product-compliance
Lightning Source LLC
Chambersburg PA
CBHW070640120526
44590CB00013BA/801